Salmos

DA SAÚDE E DA ALEGRIA DE VIVER

SALMOS DA SAÚDE E DA ALEGRIA DE VIVER

1ª edição: Abril 2025

Autor:
Raja Marausha

Preparação:
Debora Capella

Revisão:
3GB Consulting
Iracy Borges

Projeto gráfico e capa:
Jéssica Wendy

Impressão:
Plena Print

DADOS INTERNACIONAIS DE CATALOGAÇÃO NA PUBLICAÇÃO (CIP)

Marausha, Raja
Salmos da saúde e da alegria de viver: seus pensamentos têm poder / Raja Marausha. — Porto Alegre : Citadel, 2025.
192 p.

ISBN: 978-65-5047-608-3

1. Desenvolvimento pessoal 2. Autoajuda 3. Espiritualidade
I. Título

25-1044 CDD 158.1

Angélica Ilacqua - Bibliotecária - CRB-8/7057

Produção editorial e distribuição:

CITADEL Grupo Editorial

contato@citadel.com.br
www.citadel.com.br

PARA UM CORPO E ALMA
SAUDÁVEIS

Salmos

DA SAÚDE E DA ALEGRIA DE VIVER

SEUS PENSAMENTOS TÊM PODER

RAJA MARAUSHA
O CRIADOR DA FILOSOFIA DA ESPERANÇA

CITADEL
Grupo Editorial
2025

Sumário

Quem busca a força no seu Eu interior, que é espiritual e ligado ao Poder Cósmico de DEUS Pai, será sempre vitorioso!

Este livro é individual. Devido às vibrações pessoais de cada um, não se deve emprestá-lo. Você deve ler e estudar seus ensinamentos todos os dias, confiante na vitória… na sua saúde total!

Oração da paz de espírito

Eu sei, Senhor,
que as dificuldades
são inevitáveis.
Quero ter forças
para não fugir delas...
E coragem para enfrentá-las!

E peço vossa ajuda
para transformar
cada problema meu,
simples ou grave,
em exercício positivo
para evoluir a minha alma!

Que cada aflição
seja um teste divino
para me indicar o
caminho da verdadeira
e infinita felicidade.

Oh, Senhor, eu não peço
que afasteis de mim
as dificuldades – mas que
me animeis a enfrentá-las...
e que me ilumineis para sair
bem de todas elas...

Dai-me, Senhor, agora
e sempre a vossa PAZ...
E obrigado por tudo
dar certo!

Leitura diária para reflexão

PARA TODAS AS RELIGIÕES E CREDOS

O texto dos *Salmos da saúde e da alegria de viver* são baseados na Filosofia da Esperança (a Religião Interior), do místico humanista Raja Marausha. É um texto ecumênico, para pessoas de todos os credos religiosos – e para quem não tem religião nenhuma.

Pretende divulgar os incríveis poderes de defesa contra doenças que o ser humano tem no próprio organismo. Seu sistema imunológico, que usa os glóbulos brancos do sangue (linfócitos) e as enzimas e glândulas, tudo controlado pelo sistema nervoso simpático ou autônomo, que, por sua vez, é comandado pela mente espiritual e perfeita da pessoa (superconsciente).

Não somos radicalmente contra os remédios. Mas achamos que eles só devem ser receitados e usados em casos extremos e muito especiais – e não à vontade e erradamente, como se faz.

Nós lançamos neste livro A CURA PELO PENSAMENTO, pelo poder mental, pela fé, crença e poder da vontade de viver. Pelos métodos naturais de melhorar a saúde, aperfeiçoando nosso modo de vida e nossas atitudes, eliminando nossos erros, nossas culpas, nossos pecados graves e nossos pensamentos negativos.

Achamos a medicina tradicional uma ciência maravilhosa que presta grandes e inúmeros benefícios. Mas somos convictos, temos muita fé e consciência com firmeza inabalável, de que a CURA ESPIRITUAL supera todas as outras e tem muito mais força: o Poder Cósmico de Deus.

*

Você pode, tem todo o poder dentro de si, pode realizar a sua própria CURA – pelo poder mental. Sem remédios e nenhuma contraindicação. O pensamento cura, o seu espírito tem uma força fantástica. Os milagres acontecem pela cura espiritual.

Una-se a Deus e cure-se. Você mesmo tem o poder de se curar de qualquer doença – e somente em alguns casos terá de contar com a ajuda da medicina convencional. Acredite, tenha fé em Deus e em seu poder interior.

Quando curava os cegos, leprosos, paralíticos e aleijados, Jesus Cristo dizia sempre: "Não fui Eu que os curei. Foi a própria fé de cada um. Eles acreditaram que seriam curados".

*

Este livro não tem nenhuma intenção científica ou medicinal. Nós somos filósofos – e nossa psicologia está enraizada na Filosofia da Esperança, lançada no livro *Salmos da riqueza interior* e que já ajudou, graças a Deus, milhares e milhares de pessoas para uma vida melhor.

Também não temos compromisso com nenhuma religião organizada, nem seita ou movimento; nossos templos são os nossos corações. Sentimos que recebemos, do boníssimo Deus, uma missão de edificar nas pessoas deste mundo um santuário em cada coração – a Religião Interior.

A força mental do pensamento é inspirada e orientada pelo Poder Cósmico de Deus. É dessa força que vêm a felicidade... e a saúde. Porque tudo começa em nossa mente, nosso pensamento, nossa imaginação. Nosso corpo é comandado e dirigido por nossa mente. Somos seres espirituais – e não corporais.

Este corpo nos foi emprestado para esta vida no planeta Terra. E temos que cuidar bem dele. Mas não somos o nosso corpo; espírito e alma é o que somos. Filhos de Deus, queridos e amados por Deus. Ajudados pela essência do Universo Cósmico, que tudo construiu.

Nossa Filosofia da Esperança surgiu por iluminação divina para ajudar as pessoas que sofrem pelos problemas iniciados na mente – principalmente conflitos interiores, tristezas e depressões, preocupações, angústias, ansiedades e aflições, mágoas e ressentimentos, carências e rejeições, desarmonias em casa e no trabalho e, mais que tudo, doenças do corpo causadas por ações e pensamentos negativos e errados.

*

A chave da saúde está na natureza da própria pessoa, em suas atitudes corretas e positivas de pensamento, ação e sentimento. Prevenir a doença é muito mais fácil do que consertar depois.

Os médicos entendem de doenças, e os filósofos, de saúde. Há 35 anos venho estudando a filosofia do comportamento humano e a relação entre a emoção e o bem-estar pessoal. Como nossa vida é um constante estado emocional e cada ato de viver é acompanhado da emoção equivalente, cheguei à conclusão óbvia de que as emoções governam a nossa saúde, ou melhor, fabricam as nossas doenças.

A emoção está na mente, não no corpo. E influencia o estado corporal através da mente. Não só os atos provocam estados emocionais, os pensamentos também. A raiva, a mágoa, o ciúme, a inveja, o medo, a preocupação, a desconfiança e outros males são pensamentos negativos altamente destruidores. Se repetidos muitas e muitas vezes, provocam um desequilíbrio no organismo e doenças de todo tipo, inclusive moléstias graves e fatais.

*

A imaginação é o nosso dom mais precioso. É pela imaginação criadora que o homem promove o progresso e realiza grandes conquistas – científicas, médicas, eletrônicas, empresariais, artísticas e literárias.

Por outro lado, a imaginação negativa ou destruidora provoca conflitos, agressões, guerras, rivalidades, crimes, ambições de poder e de fama, desarmonias, separações e DOENÇAS…

*

O corpo humano é uma máquina tão fantástica que se torna impossível descrevê-la em poucas palavras. Como pode essa máquina, tão fantástica, estar sujeita a doenças físicas e mentais de toda espécie? A ponto de o ser humano ter uma vida atribulada e tomar remédios o tempo todo? Pelo que se vê, as farmácias são um comércio extremamente lucrativo, em todo o mundo. E a indústria farmacêutica, nem se fala... É uma das mais poderosas.

Como pode ser isso? A explicação é muito simples: o corpo humano é realmente perfeito e maravilhoso. Mas o homem abusa absurdamente dessa máquina, jogando dentro dela todo tipo de veneno, o tempo todo. Alimentos artificiais e contaminados, bebidas alcoólicas (o tremendo mal), remédios inúteis e nocivos, açúcar e trigo refinados, arroz descascado e polido, comidas modernizadas e sem nutrientes, água e ar poluídos, drogas, cigarros e inúmeros venenos mais.

Além disso, e para piorar as coisas, a mente que comanda esse corpo fica o tempo todo emitindo pensamentos negativos da pior espécie, contra o mundo, o país, a sociedade, o seu semelhante, a família e contra si próprio.

As glândulas, órgãos maravilhosos que regulam a boa saúde, são controladas pela mente (pensamentos e imaginação) e entram em colapso diante de tanto negativismo – desregulando todo o organismo e originando as doenças e a queda da máquina.

E essa máquina do corpo, criada para durar (em bom estado) cerca de cem anos, quando chega aos quarenta já está toda enguiçada, desregulada, fraca, corrigida e emendada. Com 65 anos, se chegar até lá, já é considerada supervelha e cheia de problemas sem solução. Daí até os oitenta é uma sequência triste que todos conhecem – e raramente uma pessoa atinge essa idade sem estar muito doente.

Este livro, *Salmos da saúde e da alegria de viver*, procurará ensinar a você, que é filho de Deus, a CURA PELO PENSAMENTO, sem remédios de espécie alguma – no máximo plantas medicinais e vitaminas, que são nutrientes. Somente em poucos casos haverá necessidade da ajuda médica e de remédios receitados pelo médico. Mas a cura verdadeira partirá de sua mente, será uma Cura Espiritual, infalível.

*

Este livro é ecumênico, para adeptos de todas as religiões e para quem não segue religião nenhuma. Mas não é um livro religioso. Nós somos da Filosofia da Esperança, propagamos e incentivamos a formação de um santuário do coração em cada pessoa, individualmente, livre e independente. A consciência pura de cada um.

Mas você não precisa ser "santo" nem se espiritualizar ao máximo para formar o seu santuário no coração. Tampouco se tornar beato ou religioso. Nada disso. Basta que acabe com seus erros de atitude, pensamento e ação. Que deixe de ser negativista e pessimista, com a mente conturbada por preocupações (que não resolvem nada), aflições, desânimos, tristezas, depressões, vícios (de bebida, tóxicos etc.), apegos materiais (ao dinheiro, poder, fama, sexo etc.), ciúmes paranoicos, desconfianças, ódios, mágoas e ressentimentos, vida desregrada, ausência e fuga de Deus e das coisas mais espirituais.

Basta que você seja correto, honesto, trabalhador, normal e sem exageros nem apegos materiais ou tolas paixões deste mundo ilusório. Que não se prenda a nada, nem tenha preocupações, desejos desnecessários ou medo.

E que religue sua sintonia ou ligação com o Grande Criador de todas as coisas e de todo o imenso Universo – Deus Pai, o Poder Cósmico que ama você como seu legítimo filho. Você tem todo o poder de Deus dentro de si mesmo, basta saber usar essa fantástica força superior para ter saúde, alegria de viver, sucesso na vida e paz de espírito.

Para nós, você não precisará frequentar templos, nem igrejas, nem reuniões obrigatórias ou movimentos fantásticos. Sua verdadeira religião é aquela pregada por Jesus Cristo há dois mil anos e até hoje não seguida, e deturpada pelas religiões organizadas ou pelas seitas empresariais e industriais da fé. Cristo pregou sempre, e unicamente, a Religião Interior, comandada pelo amor, pelo perdão, pela caridade e pelo agradecimento. A consciência de cada um, orientada e iluminada no santuário do coração de cada um – livre e independente, maravilhosa e sem apegos, desvinculada de todas as coisas materiais. O nosso EU verdadeiro, o nosso Espírito ligado a Deus.

*

Deus, ou o Poder Criador, já existia muito antes de qualquer igreja. Foi o homem que inventou as várias seitas religiosas, os diversos cultos (inclusive os cultos pagãos ou supersticiosos), os dogmas e os rituais. Deus, no entanto, é o mesmo ontem, hoje e sempre – e atende a todos, bastando que a pessoa acredite e tenha fé.

"Seja feito de acordo com a sua fé."
(Mateus, 8:13)

Por isso nós nos tornamos o que pensamos, imaginamos e acreditamos. A imagem mental que temos de nós mesmos (cada um) tende a se tornar uma realidade. Maravilhosa ou péssima, sadia ou doentia, rica ou pobre, alegre ou triste – conforme nós pensarmos.

Assim evoluídos, com nossa Religião Interior e ligando nosso Deus Interior com o Poder Cósmico de Deus Pai, seremos novas pessoas, com saúde e alegria de viver. E tudo começará a dar certo; coisas boas e até milagres começarão a acontecer. E seremos mais úteis ao semelhante, ajudaremos mais o nosso próximo, teremos mais tolerância e amor – agradeceremos a tudo e a todos.

*

COMO SER UM BOM RELINTER (DA RELIGIÃO INTERIOR) – Muita gente me pergunta: "Se não temos templos, nem igrejas, nem movimentos coletivos, como faremos para seguir e rezar, nós, adeptos da Religião Interior da Filosofia da Esperança?".

A resposta é simples, assim como tudo na filosofia e nos mestres místicos (principalmente naqueles puros e solitários iogues tibetanos, os mestres swamis do Himalaia): quem é ou se torna RELINTER (adepto da Religião Interior) deve usar, o dia todo e em todas as situações, o santuário do coração que ele próprio formou no seu interior, com sua nova vida de pensamentos, sentimentos e ações positivos.

Deve usar, o tempo todo, a sua inspiração divina, a intuição, a criatividade positiva e a iluminação de Deus, de Jesus Cristo, da Mãe Santíssima (Nossa Senhora mãe de Jesus e nossa mãe espiritual) e a ajuda boníssima dos mestres invisíveis (os bons espíritos e santos que já passaram pela Terra).

Não use o seu EU falso e materialista, iludido pelos prazeres fugazes e ilusórios do mundo, nem seu raciocínio cerebral puramente humano, científico, colegial ou empresarial, material, enfim.

Use o seu EU verdadeiro, mente divina, espiritual, imaginativa e criativa, intuitiva e iluminada pelo Poder Cósmico. Assim, você não cometerá erros, fará melhores trabalhos (em todos os setores), seus negócios prosperarão, e tudo dará certo para você. E o que é muito importante: terá saúde bem melhor.

Outra coisa que se deve fazer é uma meditação diária de relaxamento, a sós, seguida da leitura da parte final (o cântico) de um dos livros de Raja Marausha já publicados, principalmente a parte final de *Salmos da riqueza interior*. E, naturalmente, o deste livro, *Salmos da saúde e da alegria de viver*.

Faça essa leitura pelo menos uma vez por dia, sempre na mesma hora que você mesmo escolher. Procure não faltar um dia sequer. Inclusive, se quiser, pode organizar um pequeno oratório em seu quarto ou outro cômodo de sua casa, para seu uso ou de toda a família. Um oratório ao seu gosto e da maneira que você achar melhor. Lembre-se, você é um ser LIVRE... E use esse recanto de luz em meditações e orações, no sossego e na PAZ de CRISTO.

*

Está visível para você, caro leitor ou cara leitora, que para ter saúde, paz de espírito e ser feliz, não é possível continuar vivendo cheio de erros e pecados graves.

Não adianta termos o mundo em nossas mãos, nesta curta vida terrena, se perdermos depois a vida eterna de luz, paz e amor. Não adianta nada termos a imoralidade, a pornografia, a ganância pelo dinheiro e pelo poder, o abuso de autoridade, a soberba militar, a politicagem, a corrupção, a desonestidade, o roubo e a mentira, a irritabilidade maldosa, a agressividade e a intolerância orgulhosa, o orgulho e a falta de amor, a omissão diante da oportunidade de ajudar os outros, a frieza insensível, a traição e a falsidade, as bebedeiras, as orgias, a promiscuidade e a falta de amor no sexo, o adultério, a prostituição, a criminalidade, as calúnias e ofensas, o terrível tráfico de drogas, ser venal como jurídico e corromper-se para julgar no tribunal ou para governar, a obsessão materialista do luxo e das posses exageradas e desnecessárias...

Não adianta nada para nossa felicidade tudo isso de errado e mais alguma coisa. Pelo contrário, uma vida assim errada e negativa, materialista e nada espiritual só produz doenças (às vezes graves e fatais), preocupações mil, insegurança, tensão e medo alucinante, fortes complexos de culpa, neuroses e ansiedade, insônias, dores terríveis de cabeça, aflições, sustos e (muitas vezes) até a perda do sentido da vida.

Se você tem algum erro mais grave, ou pecados na sua vida – mas agora quer mudar para uma FELIZ VIDA NOVA, com muita paz, a recuperação da saúde ou a prevenção de doenças que certamente viriam (se você não mudasse) –, assuma agora mesmo a Filosofia da Esperança e passe a ser um Relinter da Religião Interior. Naturalmente, ninguém nem precisa ficar sabendo.

Sua vida mudará completamente para melhor, para muito melhor. Jesus afirmou: "Vinde a mim todos que estais em trabalhos duros, erros e aflições, e eu vos aliviarei".

E você terá que responder, acabando com seus erros a partir de agora; e mesmo que demore um pouco a limpar tudo, arrepender-se a sós perante Deus e pedir perdão (humildemente) ao Grande

Mestre Jesus Cristo, que é boníssimo e misericordioso e o perdoará completamente.

Observe isto, de Cristo: "Uma vez, porém, que recobraste o ânimo, após a tempestade da vida – e pediste perdão por suas falhas, até as mais graves –, reanima-te à luz das minhas misericórdias, pois estou agora perto de ti, diz o Senhor, para restaurar tudo, não só integralmente, mas também com abundância, saúde, prosperidade e paz de espírito. Conta comigo, confia em mim – e terás tudo de maravilhoso".

E você, para terminar esta iniciação espiritual, deverá rezar assim, como no livro *Imitação de Cristo*: "Na verdade, Senhor, o meu coração está cheio de angústia e ocultos sofrimentos, que ninguém nem imagina. Acabrunham-me os meus erros e pecados, vivo atribulado de tentações, envolto e oprimido de muitas e más paixões. E não há ninguém que possa me socorrer e salvar, senão Vós, meu Deus e meu Salvador, em cujas mãos me entrego com tudo o que me pertence, para que me guardeis. Entrego com fé ao Senhor a minha vida e meus problemas, meu espírito, minha mente e meu corpo. Cuide deles, amado e boníssimo Senhor. E muito obrigado. Amém".

Que alegria, que paz, aleluia, aleluia! Você já estará então no caminho do Reino de Deus – onde vai morar, após esta curta vida terrena, na Casa do Senhor para toda a eternidade.

Naquele tempo, disse Jesus:

"O grande e primeiro mandamento é o seguinte: amarás ao Senhor teu Deus de todo o coração, de toda a alma e de todo o entendimento."

"O segundo é semelhante a esse: amarás o teu próximo como a ti mesmo. Destes mandamentos depende a tua felicidade."

E nós dizemos hoje:

"Cristo todo-poderoso e boníssimo, aumentai em nós a fé, a esperança e a caridade.

E, para que possamos obter a felicidade que prometeis, concedei-nos amar o que ordenastes – a Deus, a nós mesmos e ao próximo (todas as pessoas) – sem guardar mágoa ou rancor de ninguém. Porque só o Amor constrói..."

*

O ser humano tem no seu interior uma força misteriosa, capaz de recuperar a saúde, curando a doença que tenha. Acreditando nesse poder recuperador que Deus criou dentro de nós, podemos eliminar a fadiga, recobrar a força, sarar das doenças e voltar ao estado de perfeita saúde.

É através da mente, do acreditar com fé, que nós fortalecemos a certeza de termos o poder de recuperação da saúde.

Acredite na força curativa de Deus, presente no seu próprio corpo. Acredite que está sendo realmente curado. Faça suas orações de agradecimento a Deus – mas não fique lembrando-se da doença, nem aflito ou em pânico. Acredite: a doença se cura quando é esquecida. Pense na saúde, nas coisas boas da vida, na alegria de viver. Você é um filho de Deus, viva feliz, com a Paz de Cristo.

Reconhecemos a medicina como bênção de Deus. A linda atividade da medicina é uma das mais nobres do ser humano – e ajuda maravilhosamente o mundo inteiro.

Mas os médicos não têm culpa dos pensamentos e das atitudes erradas das pessoas, nem das doenças psicossomáticas que tanta gente se provoca, através da mente cheia de defeitos.

Pense na hipocondria, ou doença da imaginação. Milhares de pessoas no mundo sofrem desse mal terrível que é a hipocondria – e vivem imaginando mil doenças que absolutamente não têm. É um mal da mente, um sério problema mental. Conheço pessoas que vivem comprando remédios, de todos os tipos e laboratórios, numa mania sem nenhuma necessidade, nem receita médica, nem nada. E se envenenam com esse monte de remédios, julgando, absurdamente, que sofrem disso ou daquilo – quando, na verdade, de nada sofrem (a não ser do problema mental, do pensamento).

Nós somos o que pensamos e acreditamos. É por isso que alguns são sadios, alegres e ricos – e outros são doentes, tristes, deprimidos, desanimados e fracassados.

*

Com exceção de doenças físicas, do corpo orgânico, hereditárias, microbianas ou causadas por vírus etc., a nossa filosofia acredita, com muita fé, que a maioria das doenças é causada pela mente da pessoa.

Todo médico sabe, por exemplo, o tremendo mal que a RAIVA provoca no organismo. Não só a raiva, mas todas as emoções negativas fortes que sentimos nos causam males, às vezes muito sérios. O ódio é o maior provocador de câncer. O nervosismo, a preocupação de negócios e a ganância (querer sempre mais) são potentes criadores de úlceras no estômago e duodeno. O medo estimula o organismo a produzir elementos químicos altamente tóxicos – talvez seja o sentimento negativo mais nocivo para a saúde. Nunca devemos nos deixar dominar pelo medo, em nenhuma circunstância, por pior que seja. Devemos substituir o medo e a preocupação pela fé em Deus e pela ajuda infalível de Jesus Cristo, nosso maior amigo. Acreditar, com serenidade, no Poder Cósmico de Deus e no poder curativo de nosso EU interior.

"Acalme-se e saiba que Eu sou Deus – e para Deus nada é impossível."

A fé e a serenidade mental podem devolver a vida às pessoas, até mesmo em se tratando de pacientes desenganados pelos médicos. Corte pela raiz este tremendo mal que é o medo. Nunca mais tenha medo, de nada nem de ninguém.

*

Quando alcançar um elevado estado espiritual, após livrar-se das paixões ilusórias e dos apegos materiais, sintonizando o dia inteiro (em todos os momentos) o seu Deus Interior com Deus Pai todo-poderoso, você jamais terá esse terrível sentimento de medo. Porque a FÉ e a ESPERANÇA em Deus Pai superam e anulam todo medo... e toda preocupação exagerada, toda tensão e ansiedade.

*

O marido ou a mulher que se separam, com briga violenta, são candidatos a fortes doenças no organismo, que mais cedo ou mais tarde aparecerão. E todo mundo sabe o efeito das emoções negativas nos males, muitas vezes fatais, do coração. Uma separação ou um divórcio, se inevitável, deve ser com moderação e mais tranquilo. De que adianta brigar ou agredir? Já estão se separando mesmo...

*

Muitas pessoas provocam em si mesmas uma doença forte somente para chamar a atenção, porque sentem carência afetiva ou complexo de abandono ou rejeição. E não saram de jeito nenhum, porque aquela doença imaginária lhes faz falta, é necessária para sua infelicidade... Atrai a preocupação e a atenção dos parentes e amigos para si, que, no fundo mesmo, de verdade, não sofre de nada...

*

O pensamento tem uma força criadora muito grande. As vibrações de pensamento são fortes atrações para a realização. Um triste exemplo da força do pensamento: de tanto pensar (imaginando doentiamente) que são traídos, muitos cônjuges acabam mesmo sendo enganados...

*

O semelhante atrai o semelhante. Nosso subconsciente é um eficiente computador que segue APENAS aquilo que programamos nele. E isso é muito importante. Pense bem: você mesmo pode programar o seu destino, a sua vitória, alegria e saúde, se quiser. Mas pode também provocar acontecimentos ruins, infelicidades, derrotas, fracassos, doenças, desastres e acidentes.

Tudo depende de você mesmo, depende do que anda pensando e imaginando, do que anda programando no seu computador mental.

Portanto, pense e imagine somente coisas boas para a sua vida e a de sua família. Pense somente em saúde, vigor, alegria, paz, tolerância, perdão, agradecimentos, sucesso, prosperidade, vida feliz, amor e esperança.

Não mantenha no coração o ódio, a mágoa ou o ressentimento por ninguém, seja qual for o motivo. Perdoe tudo e todos. Não tenha preocupações tolas e exageradas, que nada resolvem. Nem medo de nada nem de ninguém. Não tenha desejos por ilusões desnecessárias, nem ambições impossíveis e egoístas. Goste mais de si mesmo e viva mais calmo, sossegado, em PAZ, com muita Fé e Esperança.

*

A CURA PELO PENSAMENTO – Nós somos o que pensamos. Todas as nossas ações começam na mente, no pensamento. Usamos a criatividade, ou a crença, ou a imaginação ou a autossugestão.

AUTOSSUGESTÃO é o seu comando sobre si mesmo. É um desejo forte em que você acredita com toda a fé. Em tudo que fazemos somos guiados pela autossugestão – seja no trabalho, nos estudos, nos projetos e planos, na vida familiar ou amorosa, nos negócios, em tudo.

Se pensamos que vamos fracassar, fracassaremos. Mas se acreditamos que vamos vencer, seja no que for, venceremos com toda a certeza. Se vivermos mentalizando que somos infelizes, pobres, doentes, desprezados, seremos na certa. Mas se nosso pensamento for sempre positivo, imaginando, pela autossugestão, que somos felizes, alegres, realizadores, prósperos ou até ricos, sadios e sem doença nenhuma, amados e queridos, seremos na certa tudo isso.

Repito: a autossugestão é o nosso comando sobre nós mesmos. Somos o que pensamos ser. Uma vez tomada uma decisão na mente, o nosso subconsciente encontra um meio de realizá-la por si próprio, com ajuda de Deus.

E o mais importante: podemos nos curar com a nossa própria força do pensamento; usando a autossugestão com toda a fé, acreditamos que estamos nos curando ou até que já estamos curados.

Inicialmente, não devemos ficar pensando na doença. Mas sim imaginar que estamos sadios e fortes, normais, perfeitos de corpo e de mente, em Paz com Deus e com toda a alegria de viver. Devemos nos imaginar no seio da família ou entre os amigos, felizes e cheios de saúde. É preciso tirar da cabeça todo tipo de pensamento negativo: as mágoas, os ressentimentos, as raivas, as desconfianças, o medo, a tensão ou aflição, a tristeza, os ciúmes, a fuga de Deus, a insegurança, a depressão e a ansiedade – porque todos esses negativismos fazem muito mal à saúde.

Ter fé e esperança, acreditar que vai sarar ou que já sarou. Se a sua mente fez você ficar doente, então essa mesma mente fará agora você curado e todo sadio. Mudando seus pensamentos você muda sua vida.

As doenças crônicas de neurose, ansiedade, desânimo, depressão etc. podem ser curadas rapidamente pela autossugestão.

Algumas doenças orgânicas ou físicas, até os tumores malignos, podem demorar um pouco mais. Mas você tem que acreditar e não pode desistir, tem que persistir. Acreditar que tem todo o poder de Deus dentro de si mesmo, todo um maravilhoso esquema de defesa no seu próprio corpo. E esse esquema de defesa do organismo é comandado por sua própria mente. Seu subconsciente durante a noite agirá para curá-lo por intermédio do sistema nervoso vegetativo ou autônomo, dos glóbulos brancos do sangue e das glândulas hormonais.

À noite, em sua cama, após relaxar bastante o corpo e respirar profundamente algumas vezes, repita sem pensar, umas dez vezes:

"Todos os dias, sob todos os pontos de vista, estou cada vez melhor.

Estou em Paz com o meu Deus, e tudo está dando certo, em todos os sentidos. A cada dia, por todos os meios, minha saúde é melhor. Obrigado, Senhor, pela minha cura total. Sou sadio, sou feliz."

E pode dormir tranquilo, porque enquanto isso seu próprio organismo estará funcionando divinamente no sentido de sua plena saúde. Deus criou o ser humano de uma forma maravilhosa, temos todo o poder de cura dentro de nós.

Se o leitor estiver sendo assistido por um médico, não precisa abandonar o tratamento da medicina porque vai fazer essa autossugestão todas as noites. Não importa o duplo tratamento – embora possamos afirmar com toda a certeza que o método espiritual e mental vai ser mais forte, objetivo e positivo para sua cura.

Mesmo que você esteja no hospital ou na clínica, pode fazer tranquilo e com fé a mentalização autossugestiva, antes de dormir.

Convença-se, firmemente, de que o efeito curador do poder divino em seu próprio interior pode dissolver e anular todos os depósitos e efeitos de doença em seu corpo. Deixe que o amor de Deus cure todos os seus males.

Arrependa-se. Perdoe a si mesmo e os outros. Esqueça os erros do passado e pense somente no futuro, esperando sempre o melhor. Lembre-se: o importante NÃO são os dias que você já viveu. Isso é passado e não volta mais. O que importa são os dias que você ainda VAI viver.

*

Amor, medicina e milagres é o título do livro do médico-cirurgião americano Bernie Siegel, de New Haven, especializado em casos de câncer em estágio avançado. Ele não é um médico comum, e por causa de suas incríveis curas tem sido chamado de médico místico. O dr. Bernie anima seus pacientes a participarem ativamente, com muita fé e esperança, dos tratamentos a que são submetidos.

E garante que somente a partir do pensamento positivo da vontade e da crença de viver é possível a cura definitiva. "As pessoas sempre acreditam, no fundo, que há uma outra dimensão (a espiritual, do

Poder Cósmico de Deus), o tratamento de males incuráveis – como o câncer."

Os doentes incuráveis que o dr. Bernie cura são os que não desistem, não se entregam. Mas acreditam no seu poder interior e no Poder Superior de Cura, acreditam e persistem na sua atitude de luta contra a doença grave.

"Esses doentes [diz ele] desabafam, choram e procuram, juntos, deixar de lado todos os meios e sentimentos negativos. Por isso há casos de curas milagrosas, em que as células cancerosas desapareceram."

O dr. Bernie não deixa de usar todos os recursos médicos e operatórios de que dispõe, mas é categórico quanto à participação do doente no tratamento – ele deve ter muita fé para sobreviver, acreditar que pode vencer a doença pelo seu poder interior de defesa, ajudado pelo poder curativo de Deus Pai. "Não basta tratar e operar as pessoas para curá-las do câncer. A atitude delas perante a vida e a doença (sua FÉ) é fundamental."

*

A vida inteira, até agora, você se concentrou no "EU QUERO", mas, no fundo do coração, talvez por causa de sua criação na infância, você pensava que não conseguiria, que tinha até que fracassar e sofrer.

Agora, pela Filosofia da Esperança de Raja Marausha, você aprendeu que deve pensar diferente. Em vez de "EU QUERO", pense confiante "EU POSSO", "EU CONSIGO". E o resultado será fantástico.

Decida-se a ser feliz, bem-sucedido, próspero e com muita saúde. Trate bem do seu corpo material e de sua mente. Não beba (nem um pouco), não use drogas (nenhuma), não fume. Não faça tolas extravagâncias, viva uma vida normal e cheia de paz e alegria. Porque as pessoas, nunca é demais repetir, são aquilo que decidem ser.

*

Qualquer médico sabe que, com repouso, alimentação correta e apropriada, bem como serenidade e calma mental, 90% ou mais dos seus clientes recuperam a saúde em pouco tempo.

Tal como um navio em alto-mar restabelece a sua rota depois de uma tempestade – assim o corpo humano resiste por si às doenças e retoma logo o curso da saúde.

O Poder Cósmico de Deus colocou em nosso organismo todos os recursos para a proteção contra as doenças e a preservação da saúde. Uma forma de inteligência interior em nosso corpo, que não dorme, e que os médicos tentam imitar ou ajudar, por meio de remédios e operações.

Felizmente, graças a Deus, temos sempre do nosso lado, na luta constante contra as enfermidades, essas forças regeneradoras do nosso organismo.

*

A dor está na mente. Um corpo material morto e sem mente não sente dor alguma, não sente nada. E se desfaz, por falta da essência espiritual de vida.

Existe dor no ser vivo por efeito mental, e não físico. Da essência de vida que a mente tem são irradiadas as dores, as doenças ou a saúde perfeita. Depende apenas da atitude mental da pessoa: ser doente, sentir dor, tristeza ou alegria, ser sadio...

A dor está na mente negativa da pessoa cheia de erros de atitudes, erros de pensamento e sentimento. Existe dor porque não há Deus na mente. Não há sintonia (ligação mental) da pessoa com Deus Pai, nem com Jesus Cristo, nem com Nossa Senhora (a Mãe Santíssima); nenhuma ligação com Poder Cósmico nenhum.

Quando a pessoa entender isso e perceber a tremenda Força Cósmica de Deus que tem dentro de si, e se arrepender e pedir perdão por seus erros, Deus entrará na sua mente, e desaparecerão as dores e doenças. A mente dessa pessoa passará a abrigar a força curativa e misericordiosa de Deus, o poder de cura do boníssimo Mestre Jesus ou a proteção da magnífica Mãe Santíssima.

Essa pessoa, arrependida e perdoada por Deus, perdoará também tudo e todos. E terá então uma mente positiva e abençoada. Formará, com sua Religião Interior, um maravilhoso santuário no seu próprio coração.

Acredite. Comece uma vida nova, a lei da mente não falha. O que você pensa, você cria. O que você sente, você atrai. O que você imagina e acredita se torna realidade.

O céu ou o inferno, a saúde ou a doença, a riqueza ou a pobreza, a alegria de viver ou a infelicidade estão todos em nossa mente.

Somos os donos do nosso destino. Não existe Maktub (estava escrito, tem que ser assim) nem carma negativo, muito menos o pagamento de erros numa outra encarnação. Cristo nos dá o perdão e todo o poder para nos livrarmos do carma, desde que acabemos com os erros e nos arrependamos. Esse nosso poder interior, quando usado de forma certa e positiva, nunca falha, porque nos foi dado por Deus, através de Cristo. Por Deus Pai, que nos ama muito.

*

Quantos erros cometemos, absurdamente, traindo a confiança que Deus Pai tem em nós, entristecendo e maculando o santuário do coração com Cristo habitando em nós.

Devíamos nos envergonhar dos erros que cometemos no passado e esquecê-los para sempre. Nem todo o dinheiro do mundo pagaria a nossa paz de espírito, a paz de uma vida nova, de um renascimento no espírito.

Temos que viver a nossa vida do EU verdadeiro, sintonizado com Deus – orientado, iluminado e protegido pelo Poder Cósmico. Temos que abandonar o Eu falso, materialista, cheio de erros do passado, problemas e traumas vindos desde nossa infância, depois agravados pela sociedade falsa e hipócrita.

Uma VIDA NOVA, com a riqueza interior da paz de espírito e a milionária alegria de viver.

*

O ódio, a raiva, a desilusão, a preocupação, o medo, a ansiedade e a aflição podem envenenar o corpo tanto quanto os vírus, as bactérias, as toxinas e qualquer agente químico.

A oração é o mais poderoso dos remédios

Muitas vezes, quando todos os recursos médicos já foram empregados, quando já foi feito tudo que era possível para salvar um doente grave, desenganado, surge uma força fantástica e invisível, um Poder Superior, para salvar inexplicavelmente o paciente das garras da morte.

Os milagres existem. E acontecem em resultado da prece. Porque todas as coisas já nos foram dadas por Deus. Basta manifestarmos um estado de espírito digno de recebê-las.

A oração sempre foi o melhor dos tratamentos, a clínica de Deus sempre foi a melhor terapia.

Estamos falando da verdadeira forma de orar, que é uma conversa com Deus – sem fórmulas rotuladas destituídas de sentimento e pureza, apenas lidas ou decoradas.

Não falamos da costumeira prece de súplicas ou implorações, que apenas pede, pede e pede, querendo usar Deus como um instrumento para melhorar a vida, sem nenhum merecimento. Essa não é atendida, jamais.

A oração verdadeira, que funciona como o melhor dos remédios, é a meditação que aprofunda nosso sentimento de união com Deus. Apenas isto, união com Deus. Simples como uma criança amando cada vez mais seu pai, confiante e segura de sua proteção.

À medida que formos aprofundando esse sentimento de união com Deus, essa ligação ou sintonia, meditando diariamente, a nossa vida começará a ser orientada pela sabedoria divina, e tudo que fizermos dará certo, tudo de que necessitarmos, teremos. Nem será preciso pedir.

A grande maioria das pessoas faz exatamente o contrário, não sabe rezar. Elas exigem um Deus serviçal, um gênio da lâmpada de Aladim, que lhes satisfaça as vontades, os desejos, as necessidades urgentes. Chegam ao ponto de só cumprir uma promessa SE a prece for atendida, nunca antes disso.

É claro que o Senhor perdoa essa vã ignorância, mas a nossa sintonia com o Poder Cósmico será muito maior e mais eficaz se soubermos gerar e emitir mais pensamentos de agradecimento do que de súplicas, mais visualizações do pedido como já realizado do que a dúvida ou desconfiança de esperar pela realização.

Os mestres nos ensinam: temos que crer. Acreditar firmemente que a oração que fazemos já está sendo atendida e será concretizada com certeza. Temos que mentalizar uma cena em que a doença (seja ela qual for) está realmente curada e resolvida maravilhosamente.

A oração tem que ser mesmo uma conversa confiante com o Senhor, sabendo que Ele é o nosso maior amigo. Temos que agradecer. Pensar no que já temos, e não no que nos falta. E sermos gratos…

Mas não sabemos agradecer.

E não sabemos também perdoar, nem o próximo nem a nós mesmos. Nem ao menos tolerar. Não sabemos rezar, nem meditar, nem nada.

Sabemos, e muito bem, entrar numa farmácia e comprar montões de comprimidos caros, para dor de cabeça, para dormir e para deixar de dormir, para cólicas, fígado, rins, intestinos, intoxicações e para tranquilizar nossa tensão ou evitar nosso desânimo e depressão. E mil remédios mais. Sabemos nos esquecer de Deus, cometer erros absurdos e nos afligir pelas coisas materiais, por todas elas, grandes e até pequenas tolices deste mundo apegado às ambições de toda espécie.

Quase ninguém sabe levar uma vida mais simples e regrada, mais pura, menos material e mais honesta (mesmo tendo muito dinheiro). Simples no vestir, no comer, no tolerar e no ajudar. Uma passagem tranquila por este mundo, sem desejar o desnecessário nem ambicionar o que não precisa, sem ansiar aflito pelo luxo, pela fama ou pelo poder. Quase ninguém sabe viver sem extravagâncias que só provocam doenças, tensões, preocupações e até pânico. Todos levam uma vida insegura, de correria nervosa, de apego às coisas materiais, amarrados às paixões, ao dinheiro, ao sexo ilegal e exagerado, às posses, às ilusões de uma sociedade materialista e falsa, que não conduz nem ao bem-estar, nem à saúde e nunca à felicidade da paz de espírito.

Claro que a maioria das pessoas sofre de doenças físicas e mentais, vivendo uma vida assim negativa.

E quando o homem reza, ele pede clemência a Deus. Mas fracassa em mudar sua maneira de viver, que é a causa de todos os seus problemas. O homem se lamenta da sua má fortuna, mas não quer abandonar nenhum dos seus hábitos errados, que são as origens reais dos seus pesares.

A oração não tem sentido prático se não for acompanhada de uma REFORMA DE VIDA. Serão palavras vazias e sem poder. A oração é purificadora, e a saúde espiritual é a base da saúde física. Como vínculo com a energia suprema de Deus, é o melhor purificador do corpo e da mente.

Basta lembrarmos que Cristo nos prometeu e nos deixou toda a infinita possibilidade de sermos sadios de corpo e de mente, felizes, prósperos, bem-sucedidos na vida (isso é o que Deus quer) e cheios de PAZ que não é dada pelos homens: a maravilhosa paz do espírito.

Não importam as doenças e os problemas deste mundo terreno cheio deles. Para Deus e no Reino Espiritual, não existe nem sexo (masculino e feminino), nem tempo (dias, horas e minutos, passado e futuro; é tudo o eterno presente), nem doenças ou problemas, nada negativo (porque tudo é luz, amor, bondade e construtivo).

Entreguemos nossos assuntos ao Cristo que viveu aqui na Terra e morreu por nós – ressuscitando para nos mostrar que continuava vivo, para todo o sempre, e pronto para nos ajudar. Nos entreguemos, confiantes, com fé e esperança. E recebamos dele a orientação que vem de sua bondade e sabedoria. Então, esperemos com fé inabalável, sem mais agitação ou medo, porque quem busca a força em Deus, por Cristo, nunca será derrotado. Quem entrega seus problemas ao Grande Mestre Jesus só pode sair vitorioso.

Sigamos a orientação cósmica de um Poder Superior. Essa é uma receita da medicina espiritual que não custa nada e é a mais infalível terapia de todos os tempos. A cura de todas as doenças.

*

O ARREPENDIMENTO. Conforme temos dito sempre, o arrependimento, o perdão e o agradecimento são poderosos remédios naturais e espirituais para a cura de doenças.

O arrependimento é básico, é fundamental para se curar, até de doenças mais graves. Você não deve e não pode ocultar um erro (ou pecado), fingindo que não fez nem faz nada errado ou pecaminoso. Não finja hipocritamente que não prejudicou alguém, que não guarda raiva nem ódio, tampouco ressentimento. E mil outros pecados, pequenos erros e grandes desvios negativos de vida e de caráter.

E, mesmo que você tenha esquecido esses erros (os seus próprios e de sua culpa exclusiva) e esteja convicto de que não tem mais pecado algum, na realidade aqueles seus erros não estarão de maneira alguma eliminados e perdoados. E continuarão a causar doenças em você, de todo tipo, até mesmo as mais graves.

Portanto, arrependa-se, peça perdão a Deus e a quem você possa ter prejudicado (de uma forma ou de outra) e CURE-SE. O arrependimento e o perdão têm que ser muito sinceros e partir do fundo do coração – numa meditação muito espiritual a sós com Deus. E acredite no seu PERDÃO e na sua CURA.

*

Quando estamos doentes e nos voltamos para Deus, não vivemos mais pela nossa própria força. Quem passa a comandar nossa vida é a força poderosa e infalível do Poder Cósmico de Deus.

Então, nossas forças virão do espírito, e não de nós mesmos. Nossa vida não será mais segundo a carne, mas segundo o espírito, porque somos filhos de Deus e nos voltamos, cheios de fé e esperança, para Ele.

E Jesus Cristo é o nosso maior e fiel amigo, porque está sempre presente junto de nós, em todos os momentos e em qualquer circunstância – está tão vivo hoje como nos tempos de Jerusalém.

Cristo não é só o nosso maior amigo. Ele é também o nosso Grande Mestre (iluminador, purificador e protetor) e, principalmente, o nosso principal e melhor médico. Do seu Santo Espírito virão as forças que nos curarão das doenças, não importa que você tenha outras devoções espirituais – como Nossa Senhora (Sua Mãe Santíssima e nossa Mãe Espiritual), ou outras crenças quaisquer.

O importante é nos arrependermos de nossos erros, pedirmos perdão e agradecermos a Deus, por tudo.

Segundo a filosofia oriental, se você rezar sinceramente pela felicidade e saúde de outro doente, esquecendo sua própria doença, esta desaparecerá. Você será curado pelo seu EU verdadeiro ou Deus Interior.

Você se cura, assim, porque sua alma se purifica e se eleva, pela força magnífica do amor vibrante de fé e alegria. E quando sua alma se eleva, quando você cresce espiritualmente, sua força de recuperação e defesa interior se fortifica e você fica curado de todos os males, mais cedo ou mais tarde.

Sua doença é sempre uma manifestação criada pela ilusão do Eu falso, pelos pensamentos negativos, pelas ações e atitudes erradas no passado. Mas Deus não criou a doença. Acorde dessa ilusão e esqueça esse passado, por mais errado que ele tenha sido.

Abandone os pensamentos ruins e negativos, acabe com suas ações e atitudes erradas, retorne às suas raízes, à sua origem, que é Deus, volte-se para o espírito e o positivismo correto.

Então suas doenças não serão mais projetadas, não serão mais criadas em você, porque não haverá mais nada negativo para criá-las.

Flores lindas nascerão da tempestade por que você passou. E surgirá no seu horizonte um maravilhoso arco-íris todo colorido. Você renasceu no espírito e terá muita saúde, muito sucesso em tudo que fizer e muita paz de espírito (a maior riqueza deste mundo).

*

Devemos viver simples e em paz na graça de Deus. Como pessoas normais e úteis aos semelhantes. Com pensamentos e atos positivos, com sentimentos de amor e tolerância. Voltados mais para o espírito do que dirigidos pelas coisas materiais, sem fazer da felicidade as ilusões de um dia. Não confiemos nas ilusões e mentiras deste mundo material cheio de enganos e erros.

Devemos viver confiantes na proteção materna da Mãe Santíssima (nossa Mãe espiritual e eterna), viver com menos orgulho e egoísmo e mais simplicidade (vocês não entenderiam se eu dissesse "humildade"). Viver ajudando o próximo no máximo que pudermos, sem esperar recompensa.

Vivendo assim, nada teremos a temer, o Poder Cósmico de Deus Pai nos protege, nos orienta, nos defende dos males e dos inimigos, nos ilumina e nos cura de todas as doenças. Não importam nossos bens terrenos, nem se somos muito ricos ou muito pobres – tampouco raça, cor, sexo, posição social ou idade. O que conta pontos no Reino de

Deus são as nossas ações simples e a nossa ajuda aos outros; o nosso amor, o tesouro que está no santuário de nosso coração.

*

Os Salmos escritos nas proximidades do século 21 por Raja Marausha são obras de Deus para ajudar os homens de todas as religiões ou sem religião alguma nos seus problemas e relacionamentos.

Este trabalho é todo para Deus. Tudo é escrito em função da vontade e da iluminação de Deus Pai, por Jesus Cristo. Toda a ajuda que o leitor recebe ao ler os Salmos são enviadas por Deus.

Nós recebemos ordens diretas de Deus, pelo amor de Cristo, que está muito triste com a horrível situação do mundo inteiro (1988), fazendo lembrar o início do Apocalipse, escrito há quase dois mil anos por São João Evangelista, quando estava já velhinho, prisioneiro na ilha grega de Patmos. Os sinais que São João previu para o início do Apocalipse já estão visíveis em toda parte.

Principalmente: armas e bombas superatômicas; ameaças de guerras nucleares; fogos nos horizontes do Ocidente e do Oriente; disputas espaciais e insegurança de toda a população do globo; multidões morrendo de fome sem o mínimo para comer; aumento de alcoolismo, prostituição, fim do espírito familiar e do casamento, politicagem e corrupção, materialismo e adoração ao dinheiro como um deus, imoralidade, nudez feminina e ato sexual sem pudor e abertamente, pornografia e criminalidade apavorante e de todo tipo.

Os Salmos de Raja Marausha são ecumênicos, para todas as pessoas de todas as raças e religiões, ou sem religião alguma. Nossa obra, nossa missão, é despertar a luz interior do EU verdadeiro e espiritual em cada um. Propagar a edificação, pela Religião Interior, de um santuário em cada coração humano: a consciência mais pura e sintonizada com Deus Cósmico.

Tentamos, assim, despertar as pessoas dessa hipnose negativa que assola e devassa o mundo todo, antevendo mais um fim dos tempos. Chamamos para Cristo as ovelhas desgarradas ou iludidas pelo mundo materialista, para formar, com ajuda e inspiração de Deus, um rebanho de ovelhas que desejam se espiritualizar e fugir dos horrores infelizes deste planeta.

Ainda existe muita coisa boa para ser feita aqui na Terra. Ainda existem muitas e muitas pessoas boas, graças a Deus. Nem tudo está perdido – um dia, talvez depois do Apocalipse, o Reino de Deus prevalecerá. E o mundo será mais espiritualista do que materialista e louco. Acabarão as guerras e as ambições, e haverá uma PAZ maravilhosa entre as nações sobreviventes. E essa falange de pessoas que já estão atendendo ao chamado de Deus, por Jesus Cristo (mais todas as outras que, por certo, ainda virão) – esses possuidores do santuário em seus corações terão sido salvos da destruirão tremenda e pavorosa do Apocalipse.

Nós, da Filosofia da Esperança (lançada em 1983) e da Religião Interior e ecumênica, estamos nessa linda luta e com Deus Pai, por Nosso Senhor Jesus Cristo e sua Mãe Santíssima – e iremos até o fim...

“Quando
um ímpio se
arrepende da
maldade que
praticou e faz o
que é direito e
justo, conservará
a própria vida
espiritual e
voltará a ter a
Paz de Cristo.”

(Ezequiel 18)

*

A maior alegria que essa Filosofia da Esperança proporciona é a de termos novamente a expectativa do melhor em nossa vida, esperar ("esperança") com a certeza de que podemos ser novamente felizes – não importa o que tenha acontecido ou esteja acontecendo agora.

Que coisa maravilhosa, podemos ter esperança...

Mas eu pergunto aos meus queridos leitores: como querer que Jesus Cristo seja nosso melhor amigo e habite em nós, para nos dar força, saúde e iluminação, se não prepararmos o santuário em nosso coração?

Como desejar um hóspede tão importante numa casa suja, triste, desanimada, cheia de complexos de culpa, corrompida – e sem o arrependimento e o perdão da limpeza espiritual?

Portanto, organize o seu santuário no coração e plante flores mais puras e coloridas no seu jardim, para ser digno de receber com alegria essa divina e boníssima visita que vai ajudá-lo em tudo.

O santuário do coração é a nossa CONSCIÊNCIA, o nosso EU verdadeiro, interior, correto e mais puro, espiritual.

*

Não existe terapia, ou tratamento, melhor do que a oração e a meditação. "Acalme-se e saiba que Eu sou Deus." Procure o socorro na sintonia com o Cosmos, através de momentos diários (acostume-se a isso) de oração e meditação.

Busque a maravilhosa e reconfortante PAZ de CRISTO. CHRISTUM PAX, diz o lema e mantra de nossa Filosofia da Esperança. Mesmo que você seja membro de uma religião, conosco você não tem templos nem igrejas, porque os nossos templos são os nossos corações.

Acostume-se aos momentos diários de MRM, uma corrente espiritual que está crescendo a cada dia. MRM, Meditação Raja Marausha, todos os dias, trinta minutos a sós com Deus e os Santos Espíritos, entre 21h e 23h. A sós, sintonizando no silêncio de seu quarto ou aposento as forças poderosas e criativas de Deus Pai, com Jesus Cristo e todos os Santos Espíritos das hostes celestiais. Assimilando as mesmas grandes forças cósmicas que comandam este fantástico Universo de cem milhões de planetas habitados (segundo a ciência religiosa).

Faça essas concentrações de trinta minutos todas as noites entre 21h e 23h, horário místico da Filosofia da Esperança e da Religião Interior (um santuário em cada coração – melhorando cada um, melhoraremos o TODO, no mundo). Milhares e milhares de pessoas já estão fazendo esses momentos diários de MRM, Meditação Raja Marausha, com resultados surpreendentes e emocionantes de curas e modificações de vidas (para muito melhor). Recebemos um grande volume de confirmações desses resultados, o que nos deixa felizes até as lágrimas, cada vez mais convictos da boníssima e fantástica ajuda do Poder Cósmico de Deus Pai.

Realizando, todas as noites, essa meditação de sintonia com Deus e as hostes santas, você sentirá penetrar em seu interior essa força criativa que, partindo do zero absoluto, fez quintilhões de estrelas. Esse mesmo Poder Cósmico tem uma centelha em você, que pode ser ativada nesses momentos de meditação, calma e relaxamento.

Uma pessoa sintonizada diariamente com Deus não tem medo de nada, não se preocupa demais, não fica tensa nem hesitante, não adoece (e se era doente, livra-se de todos os males).

Essa meditação diária, com firme fé e esperança, é o mais poderoso de todos os remédios, o despertar da centelha cósmica dentro de você...

*

Jamais tenha pensamentos negativos, de infelicidade, conflito, doença, desgraça ou desarmonia. Imagine só o bom acontecendo, espere sempre pelo melhor – porque o semelhante atrai o semelhante.

Torne o seu pensamento mais positivo e mais elevado, mais puro, mais otimista, mais sadio e mais próspero. Mude a sua vida mudando os seus pensamentos. E terá mais saúde, mais progresso, um grande sucesso e a felicidade.

*

AGRADECER A DEUS por tudo e pela cura da doença. Faça esta prece de agradecimento, que é um verdadeiro milagre:

"Oh, bom DEUS, meu PAI espiritual, boníssimo e misericordioso. Eu vos agradeço, de alma e coração, ter podido perdoar todos, ter esquecido o passado e meus erros – e ter sido perdoado também por Vós, Senhor, iluminado e orientado agora e para sempre.

"Eu vos agradeço, DEUS PAI, por livrar-me dessa doença, por já estar limpo de corpo e de mente, em breve ou agora mesmo já sadio e com toda a minha plena saúde.

"Muito obrigado, Senhor. Eu vou viver os dias que me derdes para viver, com o pensamento sempre voltado para Vós e com a PAZ de CRISTO no meu coração. Muito obrigado por tudo, eu já me sinto curado, eu já estou curado. Agora é só uma questão de tempo para a normalização do organismo.

"Muito obrigado, Senhor. Sei que minha cura não foi por meus merecimentos, que não tenho nenhum – mas pela Vossa bondade."

*

O PERDÃO ao ódio (ou mágoa, ou ressentimento) que se tem por alguém é válido também para pessoas já falecidas. Há muitas doenças cujas causas são um grande ressentimento por pais ou mães já falecidos. Isso provoca sérias enfermidades a quem odeia e ainda vive.

Também nesse caso é válido o PERDÃO total de quem odeia e está, por isso, doente. Perdoar e pedir perdão ao pai, à mãe ou algum parente próximo, já falecido. Perdoar, agradecer e rezar para iluminação espiritual do falecido, para um mundo melhor.

Muita gente, milhares de pessoas, tem se livrado de terríveis doenças perdoando o ódio que mantinham por parentes ou pessoas já mortas. Tem-se que perdoar (com amor), arrepender-se, pedir perdão ao falecido e agradecer a Deus. Além disso, é sempre bom rezar pelos antepassados, agradecer-lhes e pedir perdão pelos erros que cometemos com eles em vida.

*

Arrepender-se dos próprios erros cometidos e pedir perdão a Deus tem um grande efeito curativo, em todas as doenças. Agradecer também tem muita força de cura. Agradecer a tudo e a todos. As coisas que tem, em vez de reclamar das coisas que não tem. Agradecer a Deus pela vida, por existir, pelas coisas que ama e de que gosta. Nós somos felizes e sadios pelo que somos, não pelo que temos.

Após arrepender-se de um erro, pequeno ou grave, o mais importante é não voltar, sem mais nem menos, ao mesmo erro. Isso seria abusar da bondade e da misericórdia de Deus em nos perdoar.

O nosso arrependimento e o perdão de Deus nos purificam e nos fazem crescer como gente, nos fazem evoluir espiritualmente. O nosso arrependimento sincero nos faz renascer, numa NOVA VIDA muito melhor.

Com o arrependimento sincero (e às vezes até comovido), assumimos um compromisso diante de Deus. Um pacto maravilhoso que vai nos ajudar, proteger e iluminar em todos os sentidos.

*

Uma doença só se cura quando se esquece dela. Não devemos ficar remoendo no pensamento o mal que nos acometeu. A doença já é ruim por si.

Cura-se com rapidez aquele que segue os ensinamentos já descritos e fica de coração alegre e cheio de fé pela cura, como se ela já tivesse sido realizada, sem pensar na doença. Coragem e esperança, com fé em Deus e no seu próprio poder interior.

*

Não ter medo. Deus não falha, nunca. O ser humano é filho de Deus, um ser espiritual que usa este corpo nesta passagem pela Terra. O espírito não tem medo nem doença. O homem não é o seu coração, é a sua alma ou espírito, perfeito e eterno. Não é pulmão, cérebro, músculo, coração, nervos, sangue, nada disso.

A doença é provocada pela própria mente do ser humano, da parte física ou corpórea. Porque no mundo espiritual não existe doença, nem idade, nem sexo. Tudo no mundo espiritual é perfeito, sadio, alegre, bom e correto.

Portanto, quanto mais nos espiritualizamos, mais evoluímos como pessoa e mais ficamos livres de doenças.

*

A medicina biológica, convencional ou tradicional, dos médicos formados em universidades, é utilíssima, necessária e progride mais e mais a cada ano. A ciência e a tecnologia avançam. Existem pesquisas e estudos médicos maravilhosos.

Benditos os médicos, eles salvam e curam muita gente. E, muitas vezes, até uma doença psicossomática (produzida pela mente) necessita também, além da espiritualidade do doente, da ajuda médica com os bons e certos medicamentos.

Admiramos a medicina e os médicos. Os médicos cuidam da doença – e nós, filósofos, cuidamos da saúde. Essa é a única diferença.

*

Entretanto, não há dúvida de que o poder curativo de Deus é mais forte que o poder da mais grave doença.

E para receber esse poder curativo de Deus é preciso orar fervorosamente, com muita fé, acreditando que já está sendo curado.

Antes de rezar com fé, seguir os nossos ensinamentos de perdoar, arrepender-se, pedir perdão e agradecer. Então o poder curativo de Deus penetrará em você, caro leitor. Deus estará no seu EU interior, com toda a potência, iluminando-o e curando-o para sempre.

O Deus Pai não poderá perdoá-lo se você, antes, não perdoar de coração o seu próximo, inimigo, parente ou amigo de quem guarda ódio, ressentimento ou mágoa.

Não importa que você tenha ou não razão, o perdão é indispensável para sua boa saúde. Mas tem que ser sincero, de coração. Perdoar mesmo.

Como você pode querer o perdão de Deus para seus erros ou absurdas falhas (a fim de renascer no espírito) se não perdoa os outros – quem o ofendeu, o prejudicou ou lhe fez mal? Ou se você não perdoa simplesmente porque não gosta da pessoa? Como pode?

Para receber o perdão de Deus, você primeiro tem que perdoar. Estar reconciliado com todas as pessoas, mesmo que não goste, ou não ame. Mesmo que não esqueça – tem que perdoar.

Pense bem: de nada adianta guardar raiva, ódio ou ressentimento de alguém – seja pelo motivo que for. Só faz muito mal à sua saúde e não resolve nada, além de fazer você não merecedor do perdão de Deus para seus próprios erros e falhas. Porque quem não perdoa não será perdoado. Quem culpa será culpado. Quem agride será agredido. Quem rouba ou tira será roubado ou lhe será tirado. Quem julga será julgado. Quem odeia será muito odiado...

Mas quem perdoa será perdoado. E quem AMA será muito amado. Essas são as leis espirituais – e infalíveis.

Toda emoção negativa influencia nossa saúde. Portanto, não vale a pena ter raiva, preocupação, ciúme, medo, tristeza, aflição, angústia ou nervosismo. Nem reclamar de tudo e de todos, em vez de agradecer.

Estar sempre sob os efeitos das emoções negativas, num permanente estado de pensamentos ruins, provoca doenças do coração (às vezes fatais, como infarto), distúrbios gastrointestinais (como gastrites, úlceras e duodenites), indigestão, pressão alta, problemas respiratórios e circulatórios, calafrios, fortes dores de cabeça, perda de apetite, insônia, náuseas, crises reumáticas e de artrites, nefrites (doença inflamatória dos rins), palidez e suor frio, problemas de coluna, dores nas pernas etc.

Não vale a pena viver assim, provocando doenças no próprio organismo, por causa dos acontecimentos tão normais neste nosso planeta cheio de erros. Não vale a pena se abalar nem se preocupar por nada neste mundo. Porque tudo é passageiro e, no fundo, tudo tem solução.

Se você não pode modificar o mundo, não deixe que o mundo o modifique. Quer dizer: não lute contra o invisível, contra aquilo que não pode evitar, seja o que for.

*

O tempo cura todos os problemas. Amanhã será sempre um novo dia. Somente com a mente calma e a Paz de Cristo em nosso coração poderemos resolver os nossos casos negativos. Não adianta se afobar, precipitar-se ou ficar aflito, por nada neste mundo.

Tenho um amigo que estava muito doente, quase no fim, vivendo à custa de balões de oxigênio – tudo por causa de pensamentos negativos, pessimismo e preocupações. Os negócios não iam bem, a família estava separada dele e morando em outro país. Então ele se consumia em ansiedade neurótica por causa dos negócios e saudade negativa pela solidão e falta da mulher e dos filhos.

Mas, alertado de que tudo acontece conforme pensamos, ele começou a melhorar a saúde. Foi ensinado que sua vida valia mais que os negócios e que parasse de ter medo e se lamentar. Que pensasse numa solução positiva e que, no final, tudo daria certo.

Quanto à família, ele aprendeu um novo tipo de saudade, aprendeu a ter uma "saudade positiva", em vez da triste e melancólica lembrança negativa de antes. Começou a lembrar-se dos bons tempos em que viveram reunidos, do que ele tinha feito e realizado de bom e útil.

Agora, já recuperado e com os negócios indo muito bem, ele costuma dizer: "Sou um solitário, mas tenho a solidão feliz da saudade positiva. Há um mundo de coisas para fazer, muito trabalho e muito lazer positivo para viver. O passado já passou e não volta mais. Até hoje fiz o que me foi possível fazer. Tive muito amor e boas intenções. Agora sozinho, vivo a minha vida da melhor maneira e esperando sempre que o melhor aconteça. Agradeço a Deus por tudo o que tenho, em vez de reclamar do que não tenho. Estou feliz e em PAZ".

Dominar o corpo e os pensamentos, limpar a mente e habituar-se somente com pensamentos puros, nobres, otimistas, de amor. Ser mais espiritual do que material. E, assim, viver feliz...

Os bons pensamentos e as atitudes positivas são processos produtores de vitalidade e saúde. A vida mais correta e a mente calma ajudam a manter o equilíbrio e o funcionamento normal do corpo.

Pensar negativamente e agir errado cria circunstâncias que provocam as doenças. O pessimismo (esperar sempre pelo pior) é um forte veneno. Enquanto isso, o otimismo e a alegria do entusiasmo são excelentes remédios fortificantes do nosso sistema interior de defesa contra as doenças.

*

CAMINHADAS – A vida sedentária (parada) faz muito mal à saúde. Viver o tempo todo sentado ou deitado, entre quatro paredes do trabalho ou dentro de casa, às vezes deprimido, sem ao menos tomar um pouco de sol, atrai problemas para o organismo. É fácil tonificar seus músculos, tornar-se mais forte e viver mais e melhor.

PASSEAR – Dar uma caminhada calma e gostosa todos os dias. Passear estimula e distrai. Deixe os problemas em casa e caminhe sossegado. Vá andando pensando apenas em coisas boas, não importa a situação do momento. Guerras, dificuldades nos seus negócios, depressão; seja o que for, caminhe com calma e otimismo, com alegria por estar vivo e com saúde, agradecendo sempre a Deus por tudo.

A caminhada deve ser diária, ou em dias alternados, e ter no mínimo dois quilômetros no total. Sempre respirando profundamente o AR mais puro possível (não poluído). Não existe melhor remédio, em qualquer idade, mas principalmente após os quarenta ou cinquenta anos. Aproveite, é grátis.

Nós somos o que pensamos...

O que determina nosso destino não é o que está fora de nós, mas sim a nossa convicção, e somente ela. “Lance somente boas sementes no jardim da mente.” Pense apenas em coisas boas e espere sempre pelo melhor, com convicção.

NEUROSE – A neurose é, em síntese, a interpretação doentia, nervosa e exagerada dos acontecimentos normais da vida. Uma pessoa neurótica é medrosa, ansiosa e tensa. Tem medo de tudo, de enfrentar qualquer situação delicada e de assumir responsabilidades, por menores que sejam. E por isso se afunda na depressão. Uma pessoa neurótica não tem alegria de viver.

Na maioria dos casos, a causa principal está na infância, na criação defeituosa. O neurótico teve pais despóticos, bravos ou exigentes demais – ou mãe intolerante e nervosa, ou ambos os pais neuróticos.

Para curar a neurose, de ansiedade ou de qualquer tipo, o primeiro passo é perdoar os pais! Não ficar reclamando da má criação que teve. Rezar diariamente perdoando e amando os pais, não importa como agiram.

Segundo: adquirir autoconfiança para eliminar todo e qualquer medo, lendo os Salmos diariamente, a parte final deste livro e o final do *Salmos da riqueza interior*.

Terceiro: eliminar o passado da mente, assumir uma VIDA NOVA daqui para a frente, espiritualmente renovada, com corpo e mente limpos, o canal de comunicação ou sintonia com Deus e o Poder Cósmico em perfeito funcionamento. Ser uma NOVA pessoa, renascida no espírito.

Os pensamentos positivos ajudam o cérebro a determinar maior produção de produtos químicos que combatem as doenças. Quem tem uma atitude positiva e otimista tende a se recuperar mais depressa. Os pensamentos positivos e cheios de Esperança produzem maior quantidade de neuropeptídeos, que, por sua vez, reforçam os macrófagos, células que combatem as doenças.

A neurocientista americana Candace Pert, do Instituto Nacional de Saúde, afirmou: "Quanto mais trato do assunto, mais convencida fico de que as emoções dirigem as doenças".

Isso significa que uma pessoa abatida, triste, negativista e desanimada, sem Esperança, tem muito menos possibilidade de curar-se (ou muito mais de adoecer) do que uma pessoa mais positiva, otimista e esperançosa.

*

Tem muita gente, neste vasto mundo, que se preocupa por ser muito gorda. E passa a vida inteira sofrendo com essa preocupação. Sofrem com mil dietas, de todo tipo e de soluções fracas ou passageiras.

Essas pessoas, muito complexadas e tristes, têm que entender que a natureza humana é composta de pessoas de todo tipo físico: brancos, pretos, louros, morenos, baixos, altos, médios, cabeludos, carecas, gordos e magros. Assim é a vida. A não ser por problemas glandulares ou defeitos do metabolismo, ou por comer demais ou de menos, a pessoa é magra ou gorda naturalmente, por hereditariedade. Mas o que mais importa, meu caro leitor, é a sua personalidade e o seu caráter.

Uma importante e consoladora pesquisa foi promovida em 1985 pela Escola de Medicina da Universidade da Pensilvânia. Os médicos concluíram que a obesidade é hereditária. Os filhos de casais gordos tendem a ser gordos também, mesmo que venham a ser adotados por pessoas magras, segundo conclusão de um longo estudo de treze anos divulgado pelo *New England Journal of Medicine*, que comprovou "ser a obesidade hereditária e não decorrente de fatores ambientais".

Como emagrecer sem passar fome e sem remédios*

Sem hereditariedade (e sem problemas de glândulas e metabolismo), a maioria está acima do peso porque come muito! Não tem erro. Para emagrecer você tem que comer menos, muito menos do que come.

Pode comer (mas pouco e em apenas duas refeições por dia): arroz, feijão, macarronada, pães,

* Atenção: as indicações desta seção são de caráter sugestivo e não substituem, de forma alguma, possíveis prescrições médicas e de nutricionistas. Consulte sempre um especialista. (N.E.)

carnes leves de frango ou peixe, batatas cozidas, legumes, verduras e frutas.

Pode ainda: queijo (pouco), mais iogurte ou coalhada do que leite, e ovos. Para quem tem mais de quarenta anos, ovos apenas três vezes por semana. Dar preferência para os vegetais: frutas, legumes e verduras cruas à vontade. Preferir o arroz integral ao arroz polido. Omelete de queijo, com um ovo.

Tome muita água pura, o dia inteiro. Nenhuma bebida alcoólica nem refrigerantes, nada mesmo. Faça respirações profundas de AR puro, para aumentar o oxigênio no corpo. Caminhe diariamente, mais ou menos dois quilômetros.

Não corra nem faça exercícios fortes (queimar calorias é um engano e faz mal).

NÃO PODE ou NÃO DEVE: comer carnes fortes, de boi ou de porco. Nem gorduras animais ou carnes gordurosas. Nem enlatados ou conservas de espécie alguma. Nem pensar em açúcar refinado, doces, bolos e sorvetes. Bebidas alcoólicas e refrigerantes, já falamos – tem que ser zero, nada mesmo! O sal, muito pouco.

Outra dica importante é fazer o que os vegetarianos chamam de lastro. Trata-se do costume de incluir nas refeições, antes do alimento sólido e cozido, uma boa dose de alimentos crus, como frutas e verduras. Sendo tais alimentos pobres em calorias e ricos em fibras, serão muito bons para a digestão e os intestinos. Além do mais, comer frutas antes da refeição ajuda a tirar a fome e diminui a necessidade dos outros alimentos com mais calorias.

Não se alimente o dia inteiro, nem faça as famosas fugas noturnas até a geladeira. Faça duas refeições principais por dia, com o intervalo de cinco horas entre uma e outra. Não coma nada à noite – e não viva para comer, coma para viver!

Se quiser (ou achar-se meio fraco), você pode tomar comprimidos de complexo vitamínico, que não são remédios, mas nutrientes bem importantes para sua saúde e para quem está se alimentando muito menos. No Brasil encontram-se nas farmácias o Teragran e o Supradyn, que não precisam de receita médica. Mas cuidado, pois as vitaminas em excesso fazem mal; tome a mínima dose possível (uma cápsula por dia).

Não tome, em hipótese alguma, comprimidos MODERADORES do apetite (que tiram a fome), mesmo receitados por médicos – pois são remédios altamente prejudiciais ao organismo.

No começo dessa dieta, você terá que fazer um esforço muito grande para comer menos, e vai sentir a força do hábito. Mas tem que perseverar e não desistir. Com um pouco de tempo e força de vontade, você se acostumará. E se sentirá tão mais bem disposto, que valerá a pena.

Essa dieta é um hábito novo, natural e muito benéfico para sua saúde – que você deverá manter para o resto da vida. Assim, nunca mais engordará de novo… e será feliz.

Não desanime se não perder peso na primeira semana: durante os primeiros dias, certa quantidade de água ficará retida nos tecidos e somente depois começará a ser eliminada.

Se o seu caso for hereditário, isto é, se você for mais forte por herança de família, faça também essa dieta – siga os conselhos já dados. Se o caso for de família, continue apenas "forte", porque cada um tem sua constituição física diferente. Já vem desde a concepção no ventre materno o tipo que a pessoa será: alta, baixa, mais gorda ou mais magra, olhos castanhos ou azuis, careca aos quarenta anos, barrigudo aos 53 etc.

Tenho pena das pessoas que passam a vida inteira lutando para serem diferentes do que são. Fazendo regimes de sacrifício, tomando remédios fortes e com malefícios para não ter fome, ou se submetendo a superalimentações e tratamentos para engordar. Tudo isso para afetar os nervos e complicar a saúde.

Isso não quer dizer que devamos ser glutões ou comilões e engordar até estourar. Ou ter aquela barriga imensa dos beberrões de cerveja. Nem que devamos descuidar da alimentação. Devemos, apenas, viver normalmente e com um sistema próprio para nosso corpo, sem querer modificar tanto assim a nossa natureza.

Vamos, então, viver mais felizes, sem fadigas nem desânimos, sem complexos nem depressões – mais dispostos e positivos para uma vida dinâmica, mas em PAZ.

*

Outro problema muito sério é o das doenças mentais. De modo geral, nega-se qualquer direito ao indivíduo que vive com transtornos mentais. Ele só tem deveres e só recebe críticas, jamais tem uma verdadeira ajuda. Acontece isso, por exemplo, no caso das drogas e do alcoolismo: o importante é saber o que leva o jovem (ou o adulto) até a toxicomania ou a embriaguez compulsória, e não o reprimir simplesmente.

O toxicômano e o alcoolista precisam de amor, carinho e ajuda. E não de culpas, xingamentos, críticas e castigos. Em nossa sociedade (cheia de erros), essa pessoa é discriminada até na família, sendo, por isso, muito carente de afeto.

Esse descaso se reflete em toda parte, até na literatura, onde sempre aparece em papéis pejorativos.

É preciso modificar esse quadro urgentemente, parar de rejeitar tais indivíduos e passar a tratá-los como humanos e filhos de Deus, com todos os seus direitos.

TOXICOMANIA – Em vez de brigar, xingar, culpar ou punir o dependente químico, temos que colocá-lo em contato com Deus, através de uma conversa amiga e sugestiva (na hora certa), ou dando-lhe o *Salmos da riqueza interior*, e ainda por orações, pedindo iluminação para as trevas que ele atravessa.

De qualquer maneira, colocar o dependente químico em contato com Deus, que é o único que pode libertá-lo e transformar sua vida.

Até então, age nas trevas do EU falso e negativo, afastado de Deus. Com um pouco de espiritualidade, ele começa a vislumbrar o seu EU verdadeiro e positivo, ajudado por Deus, por Jesus Cristo e pela Mãe Santíssima (a Mãe espiritual dele), além dos Santos Espíritos.

Porque acontece que o EU verdadeiro é espírito, e não matéria, é a mente, e não o corpo. Assim, o dependente químico deixará o vício, porque não tem mais necessidade dele para nada, não precisa mais fugir para a caverna sinistra. Essa cura (espiritual) serve também para quem é alcoolista.

*

DROGAS E TÓXICOS – Se o jovem se torna toxicômano, a causa pode estar, muitas vezes, no comportamento errado dos pais.

Cônjuges que brigam muito na frente dos filhos ou que se separam com brigas horríveis e trocas de insultos, bem como pais que agridem covardemente as mães ou maltratam a família inteira, provocam neuroses profundas nos filhos, machucando suas mentes dolorosamente. É um crime os PAIS brigarem e se agredirem na frente dos filhos, principalmente se eles são adolescentes.

Essas neuroses geram insegurança nos jovens e revolta contra a sociedade – a quem culpam, inconscientemente, pela desarmonia dos pais. E esse é o primeiro passo para a “FUGA” nas drogas.

Portanto, atenção, senhores PAIS: transformem-se, melhorem, criem juízo. Seus filhos precisam de vocês, necessitam de cuidados, diálogo e amor.

Já está provado que, em 80% dos casos de jovens viciados tragicamente em tóxicos e drogas, a causa primária foi a desarmonia no lar.

Brigas e mais brigas entre o pai e a mãe, separações, insultos e ofensas grosseiras de lado a lado – e cada um, o pai e a mãe, puxando o filho para seu lado. Como uma bola de pingue-pongue, o filho acaba desnorteado, frustrado, incapaz de enfrentar sozinho a vida, revoltado, inseguro, desiludido e superinfeliz.

Daí para a droga é um pulo, um horrível e dramático pulo.

*

A melhor prevenção (atuar antes que o vício se instale no jovem) é a harmonia e a paz em casa, na família. É o amor, a ternura, o carinho, o elogio, a tolerância e a amizade.

Para os já viciados, mesmo na mais simples maconha, o melhor tratamento é o espiritual. Mas é fundamental que a pessoa queira se curar. Para isso, o jovem tem que ser aceito como estiver, sem culpá-lo, sem xingamentos e recusas sociais. Nenhum tratamento é válido nem apresentará resultados positivos se não contar com a vontade, ainda que fraca e assustada, do jovem para livrar-se das drogas.

Tratamentos forçados e internações compulsórias apenas adiam o mal por algum tempo. Uma vez liberado, o dependente voltará às substâncias.

Entidades religiosas, místicas e de assistência conseguem curas incríveis, com vantagens que não se encontram em entidades médicas: amor, solidariedade humana, calor, afeto, compreensão e espiritualismo prático cheio de paz e alegria. Sem a técnica profissional médica e científica, fria e distante. A não ser que a assistência médica seja também espiritual, o que é muito raro.

*

O alcoolismo e a toxicomania (uso de drogas) são mecanismos de FUGA, segundo nossa Filosofia.

Se anularmos o efeito da FUGA, seja ele qual for, a pessoa pode libertar-se de qualquer hábito nocivo através de uma evolução espiritual e de uma decisão mental definida, consciente de que bebia muito ou usava drogas, devido ao fato de sua realidade de vida ser muito ruim e ter insegurança, tensão ou até pânico por um problema (que agora ele sabe qual é).

Os monges do Tibete, no Himalaia, afirmam que, se o espírito está plenamente satisfeito, não há necessidade de bebidas, nem de fumo, nem de drogas tóxicas. Pelo contrário, o espírito satisfeito deseja a perfeita lucidez mental. O homem normal, em paz consigo mesmo e com Deus, não necessita de bebidas alcoólicas, nem de cigarros ou cocaína, por exemplo.

O alcoolista e o toxicômano não têm coragem para viver e, ao mesmo tempo, têm medo de morrer.

Mas existe a salvação, através do conhecimento de que está fugindo da realidade negativa. Consciente de que está sendo o seu EU falso, material, cheio de erros e conduzido pelos maus espíritos.

Então, se essa pessoa confiar em um Poder Superior, um Deus da forma que ela entender, e entregar seus problemas para esse Deus, estará salva e livre do demônio do álcool e dos tóxicos – livre para viver, para amar, para as alegrias poderosas existentes em sua própria mente.

*

O alcoolista e o toxicômano precisam construir uma imagem de AMOR, LIBERDADE E PAZ em sua mente espiritual. Então o subconsciente e o superconsciente os libertarão do desejo de fuga da vida, da insegurança e do seu medo interior.

Com a bebida e as drogas ninguém pode ser feliz mesmo – e essa fuga da realidade e das responsabilidades naturais acaba com a paz de espírito de qualquer um, levando-o para destinos péssimos. É o fim de tudo – e muitas vezes envolve o fim de toda a família.

O alcoolista e o toxicômano têm que voltar-se para a ajuda de Deus Pai. E serão salvos, voltando a viver, com saúde e alegria. Livres das FUGAS.

Os milagres acontecem. Deus Pai é misericordioso, nos perdoa por todos os erros, por mais graves que sejam – desde que queiramos ser perdoados.

E, se a pessoa se espiritualizar e voltar-se para o Poder Cósmico de Deus Pai, voltará a ter a Paz de Cristo e a alegria de viver.

*

Mas o importante é a ajuda e o amor da família e dos amigos. O alcoolista e o toxicômano não suportam xingamentos e castigos. Eles precisam de ajuda, estão doentes.

Um senhor era casado com uma alcoolista. Ela dava vexames atrás de vexames, mas ele nunca perdia a esperança. Certa noite ela o envergonhou na presença de amigos. Logo em seguida, irrompeu em lágrimas. "Por que não me deixa?", gritava ela. Ele respondeu: "Porque ainda me lembro de uma alma muito bela que vivia em você – e ainda acredito que viva".

Foi uma maravilhosa demonstração de tolerância, amor e ajuda. Tempos depois, ela se recuperou.

Toda pessoa se sente revigorada e feliz quando é valorizada na sua individualidade.

*

Muita gente que bebe demais tem por motivo uma tentativa inconsciente de escapar ou fugir de uma realidade que a atormenta. É uma FUGA, uma lamentável entrada na caverna sinistra do monstro do álcool.

E se o bebedor bebe para esquecer os problemas, quando ele acordar da bebedeira os problemas estarão ainda maiores. Não existe, nunca existiu e jamais existirá um bebedor feliz.

*

Sozinho, o alcoolista não consegue deixar a bebida, é muito difícil. Por mais que ele tente, acabará recaindo mais uma vez. E estará cada vez pior. Tem que ter a ajuda de Deus, de um Poder Cósmico superior e de pessoas que passaram pelo mesmo inferno. Esse espiritualismo e essa ajuda positiva ele encontra, sem compromisso algum, nos AA (Alcoólicos Anônimos).

Considere que o alcoolismo é a terceira doença que mais mata em todo o mundo. Que Deus Pai abençoe e ilumine quem tem essa grave doença (e não sabe ou finge não saber). Que a Paz de Cristo esteja agora com esse filho de Deus que precisa de ajuda. Amém.

O alcoolista não se cura com xingamentos, castigos, rejeição, desamor nem abandono. Somente a AJUDA amorosa faz aquela pessoa sofredora e infeliz (agressiva, porque tem medo) acreditar de novo que vale alguma coisa, que vale muito até – e a faz novamente ter o sentido da vida.

Com essa ajuda amorosa, os AA (Alcoólicos Anônimos) têm salvado milhares de pessoas que bebem demasiado e que desceram até o fundo do abismo. Mesmo no começo do problema com a bebida, a pessoa deve acender a LUZ na sua escuridão mental e procurar frequentar as reuniões do AA. Então será salva e viverá feliz.

*

Quando você parar de fumar ou de beber (e tem que ser de repente, de uma vez, e não aos poucos), tome vitamina B1 ou tiamina ou aneurina. A vitamina B1 em doses maiores é necessária para a desintoxicação alcoólica ou de nicotina (até para alcoolismo crônico e *delirium tremens*).

No Brasil, a Roche oferece o Benerva 300, que são comprimidos de B1 com 300 mg cada um. Evita os distúrbios físicos e as alterações do humor e da capacidade intelectual de quem fumou muito ou bebeu demais. Mas lembre-se: você tem que parar de uma vez.

O Benexol B12, da própria Roche, é ainda mais forte nutriente para os estados tóxicos, inclusive mais adiantados e degenerativos do sistema nervoso, até por drogas. Tanto o Benerva 300 quanto o Benexol B12 não são remédios químicos e farmacêuticos. São vitaminas, nutrientes e fortes antitóxicos. Não exigem receitas para a venda.

*

ALCOOLISMO, UMA DOENÇA PROGRESSIVA E FATAL. Recebi, em 1987, a seguinte carta de um leitor:

"Caríssimo Raja Marausha, eu também pensava que alcoólatra era só aquele mendigo maltrapilho que, tendo perdido tudo por causa da bebida, vivia nas sarjetas ou dormia nos bancos dos parques. Depois descobri que grandes personalidades dos negócios e da política, inclusive ministros, juízes, senadores, famosos e famosas artistas e até magnatas, tinham grandes problemas com bebida e (o que é fundamental) tiveram humildade de reconhecer! Temos inúmeros exemplos em todo o mundo. Não é nenhuma vergonha pertencer aos AA, e é mantido o mais rigoroso anonimato! Vergonha é continuar sendo orgulhoso demais para admitir que já passamos do limite normal, e que estamos prejudicando nossos entes queridos, nossa carreira e nossos negócios, nosso trabalho e principalmente nós mesmos, nos suicidando lentamente com esse veneno que é o álcool...

"Eu, pessoalmente, tenho um ótimo nível social (pelo menos tinha) e não cheguei a perder tudo, nem a família, por sorte. Mas lamento ter despertado para a verdade um pouco tarde, pois tenho cinquenta anos. Quanto da vida e de paz e progresso eu perdi... Ah, se tivesse sido alertado com trinta anos, não teria transposto o abismo entre beber muito e a doença alcoólica. Mas nunca é tarde demais para renascer quando aceitamos a verdade e quando temos fé. Porque sem lucidez e sobriedade não se consegue nada (embora a maioria engane a si mesma). Nada mesmo! Muito obrigado por me fazer enxergar a luz da verdade e promover meu reencontro com Deus. OVB"

*

SAÚDE E POUCO ÁLCOOL – Segundo o dr. Richard Shropshire, da Universidade de Wisconsin (Estados Unidos), "para algumas pessoas apenas dois drinques por dia podem ser a causa oculta de dores de cabeça, diarreia, insônia e irritabilidade. A ingestão de doses pequenas de álcool, socialmente, pode causar distúrbios mais graves, inclusive hipertensão arterial e irregularidade da pulsação. Tais distúrbios da saúde são, muitas vezes, difíceis de curar, porque as pessoas que bebem pouco não acreditam, normalmente, que a pequena quantidade de álcool que tomam lhes cause problemas. Mas causam…".

Além de tudo, todos os grandes bebedores e alcoolistas começaram com pequena quantidade de álcool, iniciaram suas amargas vidas infelizes com simples COPOS de cerveja. E depois foram aumentando as doses, passando para bebidas cada vez mais fortes, mais constantemente – até chegarem à caverna sinistra da doença do alcoolismo, progressiva e fatal!

Portanto, mesmo pouco, não beba. Caso você goste de si mesmo, pense no futuro e não fuja, não beba absolutamente nada de álcool, nem um simples copo de cerveja. Na verdade pura e simples: a bebida nunca ajudou ninguém.

*

Elizabeth Taylor, atriz de cinema muito bonita, muito famosa e muito rica, tornou-se alcoolista. Conforme ela mesma confessou depois que saiu da Clínica Betty Ford, nos Estados Unidos, em 1986:

"Meu nome é Elizabeth. Eu peguei a doença do alcoolismo após 35 anos de bebidas e comprimidos tranquilizantes, uma mistura terrível. Costumava beber porque era muito tímida. Muita gente não acredita, mas é verdade. Bebendo, achava que iria ficar supercorajosa. Na verdade, ficava mais insegura. Era impossível beber tanto, todos os dias, sem ficar bêbada.

"Mas agora, livre desses venenos, minha vida mudou profundamente. O método do AA me deixou mais em paz, mais confiante. Estou tão bem por dentro, com uma sensação de segurança e de paz tão grande...

"Eu, enquanto bebia, não estava gordinha. Estava realmente inchada, obesa, muito gorda e sem saúde. Agora, graças a Deus, sou uma nova pessoa, muito mais magra, com a mesma fama, mas em profunda paz."

NOTA: Richard Burton, ex-marido e grande amor de Elizabeth Taylor, também artista famoso, morreu novo, no auge da fama e do sucesso, de tanto beber!

*

Atrás do alcoolismo, usando a bebida para nos destruir, está o demônio dos espíritos maus, que nos faz começar com poucas doses, copinhos de cerveja e desculpas esfarrapadas. Depois eles vão aumentando, aumentando, e, quando a pessoa percebe, anos depois, que foi enganada pelo diabo do EU falso, muitas vezes já é tarde demais.

Que Deus o livre desse mal, prezado leitor, enquanto é tempo. E, mesmo que você já esteja no fundo do abismo, ainda existe uma esperança: a sua vontade de parar de beber, de viver novamente em paz. Se você quiser mesmo, Deus (ou o Poder Superior) o ajudará a libertar-se.

*

FUMO E SAÚDE – A ciência continua alertando os fumantes: pare de fumar enquanto você está vivo!

Já foram localizados oitocentos ingredientes tóxicos (venenosos) contidos na fumaça do cigarro. O mais famoso é a nicotina, substância que estimula o sistema nervoso logo que entra nos pulmões, provocando no fumante depressão e problemas no coração e nos vasos sanguíneos. Outros elementos nocivos são a amônia, o aldeído fórmico, o alcatrão, o gás cianídrico, o arsênio, o polônio 210 (substância radioativa) e o cianeto de metila. A intoxicação é lenta, mas constante e progressiva, aumentando o efeito nocivo cada vez mais.

A nicotina é um alcaloide extremamente letal que, entre outros males, afeta os pulmões, o coração, o sangue, o fígado, o cérebro, a visão, a pressão arterial, o paladar e até mesmo as funções sexuais.

Fumar diminui os anos de vida e pode provocar dores e doenças. A alta incidência de câncer pulmonar acusada durante o século 20 estava vinculada ao aumento progressivo do consumo de cigarros.

Parar de fumar é antes de mais nada uma atitude inteligente. E o vício de fumar (ou a recaída após uma parada) é uma prova de descontrole mental, emocional e nervoso.

Quem tem a paz de espírito interior não sente a mínima vontade de fumar, não deseja assumir esse veneno que não traz nenhum bem à saúde e não significa nenhum prazer verdadeiro.

Acabe com essas drogas antes que elas acabem com você. Seja sadio e feliz.

*

A salvação do mundo e dos povos começa pela salvação do indivíduo! Pelo respeito à liberdade individual e aos direitos de cada um, à diferença de gostos, opiniões e vocações.

Melhorando cada um, melhora o todo! A Filosofia da Esperança da Religião Interior cria uma juventude eterna, a felicidade vitalícia. E nos ensina a amar a vida, começando por gostarmos muito de nós mesmos. Somente quem gosta de si e tem autoconfiança pode ajudar os outros.

Nós somos filhos de Deus, livres, independentes de tudo. Não dependemos de nada nem de ninguém para sermos felizes e sadios e para vencer na vida. Livres…

Devemos procurar ter sempre um profundo sentimento de amor, gratidão, tolerância, perdão e alegria! O semelhante atrai o semelhante. Com esses profundos sentimentos positivos, atrairemos somente coisas, fatos e pessoas maravilhosas. Inclusive saúde e paz de espírito – as maiores riquezas deste mundo.

"Todas as manhãs acordo com dores nas costas e nas pernas", disse-me um senhor. "Quando me levanto e respiro fundo, dói ainda mais. Só melhora depois do almoço e quando vai chegando a tarde. Por que será?"

Segundo os orientais, as dores nas costas e nas pernas são de origem mental, muitas vezes de um antepassado falecido que deseja atenção e orações. Recomendei a esse senhor que fizesse, em casa, um culto ao seu pai recentemente falecido – agradecendo como filho, pedindo perdão por não ter sido um bom filho e explicando ao espírito do pai sua condição de alma eterna, sem mais ligação ao corpo carnal e às coisas da Terra – e livre para ser feliz agora, numa outra dimensão.

Ele fez o recomendado, todas as noites, num pequeno oratório que tinha em casa, onde colocou o retrato do pai falecido (uma morte de câncer, muito dolorida). Agradecia, pedia perdão e esclarecia sobre o espírito eterno do pai. Acreditou, também, que ia sarar – e dentro de onze dias não sentia mais dor nenhuma ao levantar.

Num outro caso parecido, uma senhora verificou em consulta médica que estava com artrite, provocada por excesso de ácido úrico. Uma deficiência do metabolismo, de nascença e hereditária. O dela não era problema de antepassado...

*

A GRAVIDEZ – A idade ideal para a mulher ter filhos situa-se entre os 20 e 30 anos. Ainda é aceitável ter filhos entre os 30 e 34 anos, indesejável entre os 35 e 39, e deve ser evitado depois dos 40.

Para pessimismo e depressão, um remédio infalível é procurar alguém que esteja em piores condições do que as suas. Você ficará surpreso ao ver como sua atitude mental negativa melhorará quando esquecer de si mesmo e procurar ajudar os outros. Quem dá recebe sempre mais.

Quando a mente está satisfeita por um sentimento ou prazer de proporcionar felicidade e alegria aos outros, volta o ânimo, e a pessoa pessimista ou deprimida tem então uma VIDA NOVA.

*

Existe uma seita japonesa que ensina o seguinte: se perceber que alguma parte do corpo está doente, apele para Deus. Relaxe, sentado ou deitado, feche os olhos e medite a seguinte oração:

"Oh, Deus, que habita no meu interior, perdoe-me se houver algo de errado na minha mente.

E cure-me através do poder curativo natural que existe no meu interior.

Também eu perdoarei todas as pessoas que estão em desarmonia comigo. Muito obrigado."

Mentalizando assim, repetidas vezes, entregue-se totalmente a Deus, com bastante fé, acreditando que será curado pelo Poder Superior.

*

Você é um ser espiritual e filho de Deus. Nada tem a temer, nada...

Não fique amarrado a nenhuma infelicidade, a nenhum pensamento negativo. Pense o tempo todo que tem Deus dentro de você, um poderoso escudo protetor: o caminho da felicidade.

Os poderes materiais não são a felicidade. Deus é espírito, e você é filho de Deus, também espírito.

Tudo passa ou fica aqui na Terra... e somente o espírito continua.

Seja bom, calmo, agradecido por tudo e cheio de amor e paz. Quando você transcender o eu carnal e material e renascer para o eu espiritual, reconquistará o paraíso na Terra. Todas a imperfeições e doenças desaparecerão, e ressuscitará o amor de Cristo em seu coração, em você próprio. E você terá uma PAZ que supera todo entendimento humano.

*

Quatro elementos são a raiz de todo o mal que acontece no subconsciente, provocando vários tipos de doença: o MEDO, o ÓDIO, a CULPA e a INFERIORIDADE.

Uma ótima maneira de acabar com eles é rezar, várias vezes por dia:

"Oh, Deus, orientai-me sempre, durante o dia todo, com a vossa divina sabedoria. Iluminai-me, protegei-me e fazei-me conhecer a vossa vontade. Vossa LUZ seja a minha luz, vossa FORÇA seja a minha força, vosso AMOR seja o meu amor. Fazei de mim o instrumento para realizar a vossa vontade e a vossa vitória. Assim seja, muito obrigado."

*

Deus é o que cura, através de nossa fé. Mas o médico muitas vezes é indispensável na ajuda a essa cura. E os remédios, em alguns casos, também são necessários para restabelecer a saúde.

Não são todos os distúrbios físicos e mentais do corpo que precisam de tratamento médico. Temos o nosso sistema de defesa (imunológico), temos o nosso poder mental de cura (pelo querer, pelas orações e pelo acreditar) e temos, principalmente, nossa sintonia ou ligação com Deus Pai, que nos ajuda, nos protege e tudo pode conseguir.

Mas, como já dissemos várias vezes, conforme a nossa doença (se for muito grave ou já crônica e difícil), são necessários tratamento médico e bons remédios científicos e modernos, talvez até uma cirurgia. Mas nunca esquecendo a força de nossa vontade e a ajuda maravilhosa de Deus Pai todo-poderoso (por seus mestres invisíveis, os Santos Espíritos).

*

"Eu vou sarar, sem médico e sem remédios, pela cura espiritual do poder mental!" Essa é uma frase muito positiva que, se dita com muita fé, pode fazer milagres.

*

Toda oração correta é respondida muitas vezes antes mesmo de ser terminada. Deus nos dá tudo de que necessitamos, principalmente depois que corrigimos nossos erros, arrependendo-nos e pedindo perdão.

"Tudo que pedirdes, com fé, lhe será dado", disse Jesus.

*

Deus reserva as mais fortes curas para as mais graves doenças. Quando a pessoa chega ao ponto máximo de fraqueza e sofrimento, o que ela deve fazer é ficar quieta e confiar no seu Deus

Interior e em Deus Pai. Está na Bíblia: "Aquietai-vos e sabei que sou Deus".

Não se aflija, não precisa querer ser forte e corajoso para resolver sozinho o problema. Entregue-se todo, de corpo e alma, para a bondade de Deus, confiante de que Deus o salvará.

*

Toda doença começa na mente, para depois atingir o corpo físico. Toda doença é de origem mental.

Se destruirmos os sonhos no coração de uma pessoa, teremos destruído essa pessoa também. Porque, quando a ESPERANÇA morre, em sua agonia ela grava em nosso peito a palavra FIM.

*

Se você está de cama, doente em casa ou no hospital, volte-se com fé para a parte espiritual.

Não existem remédios melhores para a cura das doenças do que a meditação espiritual, a concentração em Deus, a oração para Jesus Cristo, uma conversa franca com o boníssimo Grande Mestre Jesus e sua magnífica Mãe Nossa Senhora, a Mãe Santíssima, nossa Mãe espiritual. Lembre-se: o Santo Espírito de Cristo está vivo, tão vivo hoje como nos tempos de Jerusalém.

Voltar-se para a parte espiritual, mesmo quieto na cama (em casa ou no hospital) é um maravilhoso remédio que cura todas as doenças do corpo. No mínimo, ajuda divinamente todo o trabalho do médico.

Num momento de reflexão,
EU pensei:

Somos livres não pelo que possuímos, mas por aquilo a que renunciamos! O que possuímos nos prende, e aquilo a que renunciamos nos liberta!

A força do poder mental

A oração e a fé (acreditar) são duas forças superpoderosas para a cura, de qualquer doença. E também para enfrentar qualquer problema ou obstáculo na vida.

Jesus ensinou inúmeras vezes o poder da oração com fé. "Pedi e recebereis" (Mateus 7,7). "Eu vos afirmo solenemente, se tiverdes fé e não duvidardes e disserdes a esta montanha – ergue-te e lança-te ao mar, se acreditardes mesmo, o monte se moverá e se lançará ao mar! E tudo o que pedirdes com fé, em oração, vós o recebereis." (Mateus 21:21-22)

É incrível, fantástico! Você pode, pelo poder criativo de seu pensamento, fazer uma montanha mudar de lugar! Pode fazer coisas maravilhosas acontecerem, pela sua crença fervorosa, pela sua fé inabalável.

Quem acredita de fato terá! Creia, do fundo do coração, que vai se curar completamente – ou que vai resolver em paz o problema ou obstáculo que o atormenta. Então, unindo a força do seu EU INTERIOR verdadeiro e positivo ao Poder Cósmico de Deus Pai, você acabará conseguindo, mais cedo ou mais tarde.

Mas persista na oração, não vacile nem desista se o resultado não vier rápido. Continue na oração, na meditação e na fé absoluta – até conseguir o que tanto deseja. E agradeça por já ter conseguido, depois de cada prece. Diga sempre:

**"Eu posso, eu consigo!
Muito obrigado, Senhor,
por já ter conseguido.
Tudo já deu certo."**

*

"Toda doença é psicossomática, algumas se manifestando de forma mais clara." Essa afirmação, do clínico geral José Galvão Alves, que já foi vice-presidente da Associação Brasileira de Medicina Psicossomática, começa a penetrar em um campo da medicina ainda não conhecido do grande público.

"A psicossomática não é uma especialidade. É muito mais uma filosofia de atendimento, que compreende o ser humano como um todo, visando dar-lhe suporte médico não apenas à parte física, mas também à parte emocional. E fazer uma avaliação da parte social envolvendo o paciente."

"Uma doença não é unicamente o resultado de uma alteração física; pode vir do social e do emocional. Quando o médico se encontra frente a um paciente com úlcera, por exemplo, é inegável que problemas emocionais pesem decisivamente em seu estado. As doenças por problemas psicossomáticos (emocionais) estão envolvidas no dia a dia de todas as pessoas."

O dr. José Galvão nega, todavia, ser a emoção a causa principal e única da doença. Segundo ele, o que a emoção pode fazer é provocar e agravar o sentido do mal, dificultando sua cura. Diz que 100% da população brasileira apresenta, em algum momento, um problema de ordem psicológica.

A filosofia da Medicina Psicossomática é não dissociar a mente e o corpo do paciente, ambos devem ser tratados como um todo. Devem-se estudar os aspectos familiar, social, do ambiente, do fumo e das bebidas. Somente a medicina tradicional, puramente física, não cura...

*

Caminhar faz bem para diabetes também. No primeiro século de nossa era, o cientista romano Celsus considerava a CAMINHADA importante no tratamento contra diabetes!

No século 20, diversos estudos científicos demonstraram que fazer regularmente caminhadas (mais ou menos longas) ajuda a reduzir a taxa de açúcar no sangue e aumenta a sensibilidade do corpo à insulina. Assim, a necessidade da insulina extra e de outros medicamentos para a diabetes diminui, e muitos acabam por dispensar remédios. E viva Celsus, o cientista romano.

Nós sempre apontamos o valor e a importância da CAMINHADA como um dos melhores remédios naturais que existem, ótimo para a saúde em geral, em qualquer idade e principalmente após os cinquenta anos, quando (realmente) começamos a viver.

*

Seja guiado pela Sabedoria de Deus. Acredite que tudo é espiritual, até as pedras! E esqueça as coisas materiais negativas. Quando você deixar totalmente de pensar na pobreza, terá dado o primeiro passo dentro do portal da riqueza. Quando deixar totalmente de pensar no fracasso, terá dado o primeiro passo no reino do sucesso. Quando deixar totalmente de pensar na doença, terá dado o primeiro passo em direção à concretização da saúde.

Mude a direção dos seus atos e pensamentos. Tudo neste mundo tem a essência de VIDA de DEUS – tudo é espiritual e muito bom. O ruim, o material e negativo somos nós que fazemos, com nossos erros, falhas, pecados, ambições, raivas, agressões e tanta coisa maldita.

Pense o positivo, pense o bem. E o mundo continuará BOM, com o maravilhoso otimismo triunfal da essência da VIDA de DEUS. Tudo é espiritual, você principalmente...

O Reino de Deus está dentro de nós, não num céu distante. Todo o Poder Cósmico está em você, para ser usado quando quiser – inclusive agora mesmo, neste instante. Comece já a mentalizar perfeição e saúde, e você vai começar a melhorar.

*

Leia esta oração para a saúde, de Raja Marausha, repetidas vezes durante o dia e a noite:

"Tenho dentro de mim
a PERFEIÇÃO de DEUS.

Meu corpo foi criado perfeito
e sadio, com a Saúde de Deus.

Portanto, essa doença não está
programada pela bondade divina – é
apenas uma transgressão da lei de
Deus, uma desarmonia no meu interior
que EU MESMO devo ter provocado.

Peço perdão pelos meus erros
passados e perdoo também
todos de quem tive mágoas.

A bondade divina de Deus perdoa
todos os meus erros e abusos
e me restabelece a perfeita
saúde e harmonia mental.

A cada dia que passa, estou
agora mais saudável, e volta
a se manifestar em mim a
maravilhosa perfeição DIVINA.

Acredito que, assim em paz com Deus
e comigo próprio, já estou curado.

Muito obrigado, Senhor. Amém."

*

Se quero sarar de fato (de corpo, mente e espírito), devo me dedicar com todo o entusiasmo aos estudos da Filosofia da Esperança de Raja Marausha. E tudo será maravilhoso…

Christum Pax. A presença de Cristo nos estabelece na PAZ. Obrigado, Senhor, muito obrigado por tudo!

Não tenha medo, de nada nem de ninguém. Não tenha medo de doenças, torturas, guerra ou fome. Lembre-se de que você tem Deus no seu interior. O medo é o maior de todos os inimigos. É um diabo que mora dentro de nós e tenta nos afastar de Deus. Não ter medo é o primeiro degrau na escada da liberdade.

*

Saiba distinguir. A depressão nem sempre é sinal de muita tristeza. Perdas todos sofrem. Porém, quando o desânimo e a falta de interesse demoram a passar, é preciso procurar ajuda. Estudos recentes (1988) mostram que a depressão (e a neurose, a ansiedade) pode ter uma tendência hereditária. E que as mulheres são as mais atingidas.

Em 1988, a depressão afligia 5% dos brasileiros. Mas é diferente de tristeza. Quando, por exemplo, você lida com a morte de um ente querido ou sofre um trauma ou uma aflição muito forte... é tristeza. Já a depressão é uma tristeza demorada, muitas vezes sem causa, como na neurose de ansiedade.

Há um grupo da ciência médica que afirma que as depressões, neuroses e ansiedades são orgânicas ou físicas, doenças causadas principalmente pelas glândulas (entre elas a pineal, a pituitária, a hipófise, o hipotálamo, as tireoides, as suprarrenais etc.). O centro dessas doenças ou manifestações seria o sistema límbico, que fica logo abaixo do cérebro e controla nossas EMOÇÕES. Quer dizer, nossa saúde depende do bom controle de nossas emoções.

Tomar comprimidos para dor de cabeça o tempo todo faz muito mal para a saúde. A dor de cabeça, quando se manifesta, é por algum motivo, alguma desordem no organismo ou sintoma de determinada irregularidade. A dor de cabeça é um aviso, portanto não devemos cortar o aviso com medicamentos. Temos é que descobrir onde está o errado em nosso corpo e corrigir lá, na causa.

Uma parente minha tomava remédio, muitos comprimidos para dor de cabeça, todos os dias. Anos mais tarde, descobriu que as fortes dores de cabeça que sentia eram um problema cardíaco, do coração e de circulação. Mas ela morreu mais jovem, enrugada, seca e nervosa. Outro erro dela foi quase não beber água.

Tem gente que toma comprimido por qualquer dorzinha de cabeça ou febre bem baixa. Às vezes, vários comprimidos por dia. Isso é um grande erro.

*

Quando vem a febre, não devemos de imediato combatê-la. A febre é, na maioria das vezes, um sintoma de alarme e defesa de nosso organismo, uma ajuda para alguma coisa errada em nosso corpo. A febre aumenta a temperatura e os batimentos do coração, porque acelera a circulação do sangue.

Deixe a febre realizar a sua função de defesa. Não tome remédios para baixar a febre – só se ficar alta demais (como 40°C). E consulte um médico.

*

PRESSÃO ALTA – Cada vez mais médicos oferecem, aos pacientes que têm pressão alta, a alternativa de um tratamento sem uso de drogas. O dr. Cleaves Bennett, de Los Angeles, afirma que a pressão diminui com a mudança da dieta, mesmo no caso de pessoas que têm pressão alta há muitos anos. E as caminhadas diárias, de no mínimo dois quilômetros, são excelentes remédios para esse e outros males.

E as dietas, quais são? Primeiro, tomar magnésio, um dos minerais mais promissores para controlar a pressão sanguínea. Contêm magnésio: feijões, grãos integrais, folhas verdes, frutos e vegetais. Pode-se também adquirir em pó, na farmácia, e dissolver uma colher de sopa em um litro de água – e tomar um pouco três vezes ao dia.

Cálcio é outro elemento importante e presente, por exemplo, no leite e no queijo. O presente estudo indica que o cálcio reduz a pressão, enquanto o sal aumenta e faz mal.

O potássio também contribui. No caso de pressão um pouco elevada, há uma queda e normalização. Além disso, o potássio é um ativante do vigor.

Consulte o seu médico e lembre-o da dieta, do MAGNÉSIO, do CÁLCIO e do POTÁSSIO. Mas não deixe de fazer sua caminhada regular de todos os dias, ou no mínimo em dias alternados. Durante a caminhada, respire profundamente o ar puro. Depois, em casa, beba muita água filtrada. E tenha mais saúde.

*

Em vez de concentrar-nos em exterioridades deste mundo todo errado, devemos aprender a cultivar e expressar nossa BELEZA INTERIOR.

“Quando eu desejava loucamente a felicidade, nunca a conseguia.

Mas no dia em que libertei meu espírito e decidi não ligar mais para nada neste mundo, comecei a ser feliz... RM.”

*

INCRÍVEL. A gravidez do homem é possível, cientificamente. Segundo o biólogo Lee Silver, professor da Universidade de Nova Jersey, com as novas tecnologias um embrião poderá crescer em um ventre masculino!

Para a gestação masculina, um óvulo seria fertilizado em proveta e colocado na barriga do homem, de modo que ao crescer não prejudicasse qualquer outro órgão. O homem teria de tomar hormônios femininos para o desenvolvimento da placenta. O nascimento seria mediante cesariana, e o “grávido” teria de suportar o crescimento dos seios e o encolhimento dos testículos.

O cientista e biólogo destaca que tal gravidez pode ser parecida e obtida por qualquer "homem", a qualquer momento – e que não há leis ou normas que o proíbam.

É claro que a nossa filosofia não concorda com essa aberração da natureza – um absurdo, sinal dos tempos.

*

NÃO DEITAR APÓS COMER – Não se deve deitar após a refeição, nunca – faz muito mal à saúde. O estômago tem que ficar em posição vertical e livre para fazer a digestão. Assim, com o estômago em pé (e não deitado), os alimentos passam facilmente para o intestino, através do duodeno.

O ideal, após o almoço ou o jantar, é ficar de pé. Ou, se possível, dar uma caminhada, calma e devagar, andando sem pressa um bom trecho mais sossegado. No máximo, ficar sentado. Mas deitar, após a refeição, nunca.

Todos nós temos um corpo humano que se defende, um organismo que tem um nível de proteção, que retira naturalmente dos alimentos as enzimas e vitaminas de que necessita.

Como os radicais de oxigênio são tão antigos quanto a vida, nossas células desenvolveram suas próprias armas de proteção. Mas as principais células do sistema imunológico (de defesa contra a doença) são os glóbulos brancos do sangue, os linfócitos.

Insistimos que os remédios, embora ajudem (mas nem sempre), só devem ser usados quando indispensáveis. Bem alimentado e às vezes com o necessário repouso e a mente calma, mais os processos de cura espiritual e oração, o organismo se defende sozinho.

*

PARA GOTA E CIRROSE – Uma droga usada durante séculos no tratamento da gota (nas crises dolorosas) pode se tornar o primeiro medicamento a deixar mais lenta a deterioração do fígado pela cirrose (Nova York, julho de 1988). A cirrose é uma grave consequência do alcoolismo e do envenenamento ou intoxicação grave e uma das principais causas de morte em todo o mundo. Essa droga, antes usada só para a gota, é a COLCHICINA. E a cirrose era praticamente incurável. Mas há catorze anos a equipe do dr. Rojkind pesquisa a colchicina e descobriu que é a primeira terapia eficaz para a cirrose, sem cirurgia nem nada.

É o avanço da ciência médica, que veio a ser um grande alívio e esperança para milhões de alcoolistas em todo o mundo, ameaçados pela fatal cirrose do fígado. A colchicina é feita de uma planta dos lindos Alpes e era usada há séculos somente para a gota (ou artrite – excesso de ácido úrico).

A psiquiatria, ou o tratamento psicoterápico – segundo nossa filosofia –, comete grande erro (desde Freud) de fazer o paciente regredir ao passado, a lembranças que não lhe fazem bem!

Deve-se, acima de tudo, esquecer o passado! O que passou não volta jamais – e o nosso subconsciente só guarda recordações de coisas e fatos ruins de nosso passado. Desculpem-nos certos autores, mas o subconsciente é profundamente NEGATIVO. Não existe o Poder (positivo) do Subconsciente – existe, sim, o maravilhoso Poder do SUPERCONSCIENTE, que é ligado e sintonizado com Deus e a Inteligência Infinita.

O Superconsciente está no sótão de nossa casa, acima, sintonizado com Deus. O consciente, ou raciocínio, está na sala, em nossa vida diária. E o subconsciente (negativo) está no porão de nossa casa, cheio de cobras e lagartos do passado. De vez em quando, o alçapão desse porão se abre... e o que sai lá de dentro nos faz muito mal.

Vivamos, portanto, usando o Superconsciente, sintonizados com o Poder Cósmico de Deus – que é perfeito, bom, misericordioso, amigo, iluminador, inspirador. Então, somente coisas maravilhosas acontecerão em nossas vidas, sempre.

*

TAI CHI CHUAN – A Sociedade Brasileira de Tai Chi Chuan e Cultura Oriental mantém ótimos estudos sobre o uso correto das glândulas, as causas do desequilíbrio emocional, o desenvolvimento dos chacras ou centros de energia vital – o corpo, a saúde e a mente.

*

Nossa Filosofia da Esperança é uma Religião Interior que não tem templos, nem igrejas, nem compromissos de reuniões. Nosso caro leitor, se já é um adepto das ideias de Raja Marausha, é completamente livre e independente. No máximo, deve seguir os ensinamentos de nossos livros, os Salmos.

Mas nós somos ecumênicos – de fato, de direito e de verdade! E gostamos de indicar muitos caminhos de ajuda para nossos leitores. Se você, por exemplo, quer frequentar reuniões da Seicho-No-Ie, tudo bem.

*

COLUNA – Se você tem dores na coluna, procure entender que esse mal é também de origem mental. Não é micróbio nem vírus. Essa doença surge nas pessoas que guardam secreto ódio ou profunda mágoa por alguém, principalmente em hierarquia superior: pai ou mãe, sogro ou sogra, membros da família, sócio de negócios ou superiores no trabalho, e isso vale para vivos ou já falecidos.

Tem alguma coisa (ou muitas coisas) errada na sua vida – alguma raiva enrustida, forte ressentimento guardado ou ódio não esquecido.

Na coluna ou espinha está o sistema nervoso espinal, e seu sistema nervoso está abalado e reagindo com dor ao seu sentimento secreto de raiva ou mágoa.

Mas se você fizer um exame de consciência, consertar seus sentimentos e pedir perdão (mesmo aos falecidos), sua coluna melhorará, com certeza.

Perdoe. Perdoe e esqueça esse erro. E reze pelas pessoas de quem não gosta. Não se deve guardar rancor por ninguém. Isso abala nossa própria saúde.

Esqueça. Não fale mais nesse problema e não reclame mais. Esqueça que tem coluna.

*

MUSICOTERAPIA – A música pode representar o melhor remédio para muitos males, principalmente apatia, desânimo, isolamento, solidão, angústia, tensão e ansiedade, fobias, delírios e alucinações, síndrome de abstinência de álcool e drogas ou até simples (mas fatigantes) depressões.

"Em toda a história da humanidade, o som e o movimento foram usados. No Antigo Egito e até nas civilizações desaparecidas. Nas tribos indígenas, os pajés eram chamados para curar os doentes, dançando e tocando. Na época da guerra, os artistas eram enviados ao *front* para cantar para os soldados estafados pela luta. E, tanto nas linhas de frente como nos hospitais, observou-se que os doentes que entravam em contato com a música saravam bem mais depressa."

Com o crescimento evolutivo espiritual, a música começou a ser estudada como uma ciência paramédica para a cura. E já existem especialistas em musicoterapia.

*

DOENÇAS DAS CRIANÇAS – Segundo a filosofia oriental, a doença da criança é o reflexo das mentes em desarmonia dos pais. É praticamente impossível curar a criança sem antes curar a mente dos pais.

Se os pais cessarem as brigas violentas, a desarmonia, o desamor, a intolerância de cada um querendo corrigir o outro, o egoísmo, o materialismo e a fuga de Deus, o mínimo de espiritualismo, as reclamações mútuas, as ofensas em vez dos elogios, se os pais alcançarem o estado de paz e harmonia, a doença do filho acabará curando-se por si mesma.

Principalmente se a mãe, cuja vibração positiva atinge o filho mais que a vibração do pai (porque foi ela que gerou no ventre o filho), fizer orações de súplica para a Mãe Santíssima (Nossa Senhora, mãe de Jesus e nossa mãe espiritual), a cura do filho será mais certa e mais rápida. A mãe do filho doente, além de harmonizar-se com o marido, deve suplicar à Mãe Santíssima (após uma breve meditação relax) pela cura do filho e desde já agradecer com muita fé, como se a cura já tivesse sido realizada. Suplicar e agradecer.

NOTA: as orações das tias e das avós da criança também emitem vibrações mentais positivas muito fortes.

No caso de casais separados, desquitados ou divorciados, vale o mesmo apelo de paz e harmonia. Nenhum dos dois pode ter ódio ou ressentimento pelo outro. Nem desejar mal, discutir, brigar, ter ganâncias e apegos. Nada negativo. Ter perdão, tolerância e paz fará bem aos filhos e a si próprio. Muitos jovens (80%) se tornam toxicômanos por causa das confusões e disputas de pais que se separaram.

"Que Deus abençoe os casais, que Jesus Cristo os ilumine para que tenham paz, tolerância e amor, além de perdoarem-se uns aos outros, e que não fiquem vendo os defeitos de cada um, vejam somente as virtudes. Eu, Raja Marausha, peço isso ao bom Deus, para que os filhos sejam sadios e felizes. Amém."

*

Alimente-se sempre calmo e descontraído. Descanse dez minutos antes de cada refeição (antes, eu disse), nunca se sente à mesa para o almoço ou jantar tenso e muito preocupado. E nunca brigue ou discuta nesses momentos. Numa família que vive discutindo em refeições, ninguém tem saúde – porque não é possível uma boa digestão num ambiente assim.

E repito que a CAMINHADA é o melhor exercício, para todas as idades. Caminhar um pouco, todos os dias, respirando ar puro. Depois, beber muita água. Exercício leve e sadio, boa alimentação, repouso, ar puro e muita água para sua saúde.

*

O queijo é um alimento que faz muito bem à saúde. Derivado do leite, contém lipídios, protídeos, carboidratos, vitaminas, água e sais minerais.

Queijos, ovos, frango, peixes, leite, frutas, verduras e legumes constituem uma alimentação que só faz bem, de fácil digestão e que fortifica sem engordar.

O espinafre, que veio do Oriente, é uma das hortaliças mais ricas e importantes. No Brasil, as melhores frutas são banana, limão, mamão, melancia, melão, abacate, morango, laranja, manga, abacaxi, goiaba, jabuticaba, pequi, coco da Bahia, pêssego, ameixa, figo e marmelo. Caju e maracujá, no Norte; e maçã, pera e uva, no Sul.

Em nossa opinião, estão em primeiro lugar banana, abacaxi, coco, abacate e limão. Aviso que o limão não é ácido; embora seja uma fruta cítrica, tem efeito alcalino ou antiácido. A laranja, sim, tem efeito ácido.

As verduras e os legumes são todos excelentes, principalmente sem cozinhar. Com ovos, queijo e leite (sem carnes), está tudo ótimo. Em tempo: as carnes, no máximo de peixe ou de frango.

*

Não vejo nada mais sensacional e sadio do que o SEXO do casal apaixonado e fiel. Não acho que Deus condenaria esse ato sexual e sublime. Seria uma condenação absurda e distorcida. O próprio Deus criou o sistema sexual no ser humano, como o mais forte dos instintos e a força maior da mente – porque é ligada à imaginação, que é o nosso principal dom.

O SEXO praticado com amor é um ato de poesia – além de ser necessário para a saúde mental e a harmonia do casal, dado que é a emoção natural mais forte do ser humano.

Pecado é o abuso, a promiscuidade, a aberração, a pornografia. Pecado é a transformação da sublimidade sexual do amor em ato puramente de animal inferior. Porque o AMOR, criado por Deus, apaixonado e fiel, é muito lindo.

*

Tem gente que sofre horrivelmente e fala, cheia de resignação: "Seja feita a vontade de Deus".

Acontece que Deus não deseja nenhum sofrimento para ninguém. Deus é bom e só espera o bom, a saúde, a alegria, a felicidade e a prosperidade para todos.

Espere sempre pelo melhor – e agradeça de antemão a Deus por tudo de ótimo que lhe vai acontecer. Problemas, aflições, sofrimentos ou doenças não vêm de Deus. Indicam apenas que há uma lição de vida que devemos aprender – que existe alguma coisa ou pensamento muito errado conosco.

*

Todos nós temos o poder de nos curar. Deus nos criou assim, com esse poder imunológico de defesa própria. Descobrindo e acreditando nas potencialidades dessa força fantástica podemos nos curar.

Um filho de Deus completamente desprendido, sem apego a nada, curará a si mesmo e qualquer um. A mais elevada das curas consiste em alcançar a paz de espírito interior, a libertação dos medos, dos pessimismos, das preocupações e de todos os desejos desnecessários. Ser livre e independente, gostar mais de si mesmo, agradecer a Deus pela vida que tem. Nada mais importa neste mundo – tudo é orgulho e idiota vaidade.

Somos filhos de Deus, seres espirituais e eternos, um belo dia estaremos na morada de Deus Pai, sentados à mesa celestial com Jesus Cristo e a Mãe Santíssima. Tudo o mais ficará aqui. Para que, então, ter medo, preocupar-se e ter ambições materiais? Não adianta nada. Temos é que viver em PAZ.

Vamos ter saúde, nos curar se estivermos doentes – e viver com alegria a vida que Deus nos deu. E o resto é silêncio…

*

As dificuldades são oportunidades valiosas para polirmos nosso espírito, para aprendermos e evoluirmos como pessoa. Não é Deus que nos cria a infelicidade. A frase "Seja feita a vontade de Deus" deve ser dita ou pensada na possibilidade de tudo melhorar. Porque, muitas vezes, nós mesmos nos maltratamos, como autopunição ou por complexo de inferioridade. Muitas vezes nos causamos males, tentando pagar a penitência de um ou mais erros. Ou porque perdemos o sentido da vida. Nós mesmos, não Deus Pai, que ama muito todos os seus filhos.

A mente negativa é o maior demônio que pode residir no interior do ser humano. Culpar-se, autopunir-se, querer sofrer, desejar a doença – a própria mente cria o inferno e o céu. Deus Pai nos ama e só quer o nosso bem. Levante-se.

*

Exatamente o que é um vegetariano? Já vi pessoas que se dizem vegetarianas comendo peixes e aves com muito apetite. Outros se enchem de sanduíches, salsichas, enlatados, salgadinhos etc. Mas se recusam a comer ovos. Serão hipócritas?

Existem vegetarianos de todo tipo e doutrina. No Oriente, por exemplo, eles comem muito peixe. Algumas pessoas decidem não comer carne, mas comem produtos de laticínios, leite, queijo, ovos, peixes e até frangos. Não é hipocrisia, sendo mais uma questão de decisão e preferência não religiosa.

Os vegetarianos mais rígidos evitam qualquer substância que não seja vegetal. Contudo, a maioria dos vegetarianos é mais flexível e adota um tipo de filosofia nutricional mais individual – evitando, no entanto, as carnes vermelhas, de caça e principalmente de bovinos e suínos. Com rigor convicto.

*

Com boa razão os pais permitirão que seus filhos amados passem por uma dolorosa intervenção cirúrgica. Um pai sabe que daquela operação dolorosa sairá o filho sem a doença que o aflige – é um mal necessário para o bem do filho.

Deus Pai também tem boas razões para permitir que um filho humano sofra temporariamente... Porque dessa treva de dor nascerá uma nova pessoa, um ser iluminado! E somente assim, Deus sabe muito bem, esse filho querido verá a LUZ.

*

Para doenças do estômago e intestino (gastrites, diarreias etc.), a pessoa deve fazer um repouso na cama, não comer sólido (somente sopa rala, líquida) pelo menos um dia inteiro; e tomar bastante água. Além, é claro, de seguir os ensinamentos espirituais deste livro.

Os animais, quando se sentem doentes, ficam quietos e sem se alimentar. Eles fazem isso por instinto.

O repouso é muito importante para a cura de praticamente todas as doenças. A agitação prejudica, assim como a alimentação sólida. No máximo tome sopas líquidas, de legumes e batatas. E nenhum remédio, a não ser quando estritamente necessário e com controle e receita de um médico.

Não aceite palpites e sugestões de leigos e curandeiros. Caso você não melhore com o repouso, com muita água e nosso método de cura espiritual, com muitas orações, então consulte um médico.

*

AR PURO E BOA SAÚDE – Os pulmões são uma parte essencial da maravilhosa máquina que é o corpo humano. São os pulmões que absorvem o ar que respiramos e o transformam em energia, carregando o sangue com oxigênio para que este seja levado a todas as partes do corpo. Todo o esquema do organismo precisa do oxigênio para funcionar. Quando o oxigênio é queimado pelos órgãos do corpo, se transforma em gás carbônico, que volta novamente pelo sangue para os pulmões, que o soltam como ar impuro. Todos conhecem este mecanismo: aspiramos oxigênio (respiramos ar puro) e expiramos gás carbônico (soltamos ar impuro).

Na natureza, esse ar impuro é novamente purificado pelo notável desempenho das folhas das plantas e árvores – que, ao contrário do homem, respiram gás carbônico e soltam ar puro ou oxigênio, no processo chamado fotossíntese (pela luz do Sol).

Então chegamos aonde queríamos. Se o nosso corpo precisa tanto dessa energia, que é o oxigênio, não é um absurdo que não saibamos respirar direito? Isso mesmo, quase ninguém sabe respirar. Parece que a gente respira só porque é um ato mecânico, sem querer, e, se não respirarmos, morreremos...

Precisamos respirar conscientemente, sabendo "como respirar", aumentando com isso nosso potencial de saúde e bem-estar. O principal alimento do cérebro é o oxigênio – e o bom funcionamento de uma mente sadia depende do suprimento de ar puro! Aliás, o bom funcionamento de todo o corpo, dos pés até a cabeça, depende de sabermos respirar, e de respirar um bom ar.

Então, como respirar certo? Pela manhã, logo ao levantar, vá a uma janela aberta e espire profundamente o ar puro, pelo menos sete vezes. Faça sete inspirações de ar, lentamente e pelo nariz, o máximo de tempo que suportar respirar. Retenha um instante o ar nos pulmões e depois solte-o lentamente pela boca. E assim, sucessivamente, de sete a dez vezes.

Principalmente pela manhã, logo ao levantar-se, antes do café. E, também, sempre que fizer uma caminhada, numa viagem, num passeio no campo ou no mato, ou onde houver um ar mais puro. Sempre que puder.

O ar puro (oxigênio) é muito importante para sua saúde. E não se paga nada.

*

RUDOLF STEINER, austríaco, falecido em 1925, criou a antroposofia, ou medicina antroposófica – que, sem discutir ou anular os métodos científicos da medicina tradicional, procura estudar o corpo, a mente e o espírito do paciente, para então diagnosticar sua doença e depois levá-lo à cura. Os remédios, de plantas, são produzidos no Laboratório Weleda.

Na Fazenda Demétria, próxima à cidade de Botucatu (SP), o laboratório tem um verdadeiro tesouro, não apenas na extensão de terras cultivadas, mas principalmente na agricultura biodinâmica ali desenvolvida. Essa agricultura da fazenda Demétria despreza sistematicamente os agrotóxicos e respeita as leis da natureza em todo o processo de cultivo com a terra. Nela podem-se conhecer, numa visita ao vivo (permitida), as mais variadas plantas e ervas medicinais – responsáveis por uma grande variedade de chás, de calmantes naturais, comprimidos antitérmicos, pomada, anti-inflamatórios, eficientes remédios para o aparelho digestivo, os rins, o fígado etc. Tudo usando apenas ervas e plantas biodinâmicas.

*

MÉDICOS USAM BARRO E ARGILA PARA CURAR. Esse é um avanço sensacional na medicina, excelente notícia para toda a humanidade.

Abril de 1988. A medicina natural está curando pacientes com enfermidades graves que a medicina convencional não consegue tratar. O Centro de Medicina Natural de Lins (SP), instalado em 1986, está conseguindo resultados de cura tão surpreendentes que o Conselho Regional de Medicina decidiu reconhecer oficialmente a instituição. E a Previdência Social (Inamps, atual SUS) está estudando um convênio.

O Centro de Medicina Natural de Lins foi criado pelo padre José Augusto e pelo médico Aristides Pelicano. A diretora é a assistente social Amélia Novais. Tem um ambulatório e internação para pacientes.

Os doentes são tratados com produtos da natureza, como vegetais, chás e lamas – pois a medicina naturalista não utiliza nenhum remédio. Quando o paciente entra e tem seu mal diagnosticado, é obrigado a alterar completamente seus hábitos, mesmo porque toda doença começa na mente.

O primeiro passo é a desintoxicação e a descontaminação do organismo. Ele fica proibido de comer carnes, leite e açúcar, e sua alimentação passa a ser à base de vegetais. Segundo a medicina natural, está provado cientificamente que a carne e o açúcar são alimentos muito prejudiciais, degenerativos para o ser humano, e causam a contaminação do organismo.

Desde que o Centro foi fundado, na cidade paulista de Lins, 95% dos pacientes tratados de doenças como graves tumores malignos de câncer, artrose, reumatismo forte, hipertensão, tuberculose etc. receberam alta completamente curados.

O mais sensacional é que, para curar os tumores malignos, câncer e infecções graves, há um tratamento com lama e barro, que, segundo os médicos, tem um poderoso efeito antibiótico. Não há nenhum remédio ou cirurgia no tratamento. Somente alimentação vegetariana rigorosa (ausência de carne, leite e açúcar e aplicação de barro úmido sobre o local afetado ou doente). Depois de várias aplicações, o tumor é extirpado naturalmente. O barro usado nesse tratamento revolucionário e notável é retirado de um poço com cerca de trinta metros de profundidade – porque é mais forte e sem contaminação.

O objetivo do Centro Naturalista é, segundo o padre José Augusto, atender todos que queiram se tratar de enfermidades que a medicina tradicional não consegue eliminar com a ajuda de medicamentos.

*

EM CURITIBA. Água, argila, banhos de sol, alimentação vegetariana com sucos naturais, frutas, verduras e grãos, sauna, banhos com ervas e meditação espiritual são os principais ingredientes terapêuticos usados no Hospital Naturista Oásis Paranaense.

O fundador desse importante hospital é o médico naturista Antônio Thomé, adventista, formado pela Universidade de Naturopatia da Argentina.

Segundo ele, lá ocorrem verdadeiros milagres, registrando-se a cura de 50% dos pacientes internados, desenganados pela medicina convencional.

*

Os ninhos de andorinha, célebre especialidade da cozinha chinesa, podem ajudar o organismo humano a aumentar suas defesas contra a Aids, segundo o bioquímico da Universidade de Hong Kong dr. Yun Kong, em artigo publicado na revista inglesa *Science and Business* em 1988.

Os ninhos de andorinha, além de apreciados por seu sabor, são considerados pelos orientais como uma FONTE DE JUVENTUDE e beleza. Os estudos do dr. Yun mostram agora que a saliva utilizada pelas aves para construí-los contém uma substância que estimula o corpo humano a ativar as células de defesa, encarregadas de atacar os organismos invasores. É sensacional.

*

Numa surpreendente iniciativa, a bioquímica egípcia Fawzia Fahim, que trabalha na Universidade Ain Shams, do Cairo, está usando o veneno de cobra no tratamento do câncer.

A naja é aquela cobra de cabeça grande e triangular, que aparece na cabeça dos bustos de antigos e famosos egípcios, como Cleópatra, a rainha Nefertiti, o faraó Akhenaton etc., prolifera-se muito no deserto do Sahara e é muito letal.

Agora (1988) a bioquímica Fawzia descobriu que o veneno da cobra naja cuspideira produz um efeito arrasador sobre as células do câncer, ao isolá-las das células sadias – e destrói o mecanismo de reprodução ou continuidade das células cancerosas.

Um poeta árabe escreveu há mais de cinquenta anos que dos mais fortes venenos nascem os melhores remédios. E a dra. Fawzia Fahim está tentando, agora, dar uma aplicação benéfica ao veneno de um outro velho conhecido dos egípcios – o escorpião.

Esperamos que essas descobertas maravilhosas, tão benéficas para a humanidade, não sejam "criminosamente escondidas e sabotadas" pelos reis do truste da farmacologia médica mundial.

Para os franceses, a farmácia do futuro está no fundo do mar. Eles descobrem novos remédios nas substâncias expelidas por seres marinhos invertebrados: algas, esponjas, corais, gorgônias, pepinos-do-mar, plânctons ricos em iodo etc.

A informação foi dada, discretamente, por cientistas do Instituto Francês de Pesquisa, anunciando que a farmácia do ano 2000 está no mar. No Japão, na China, na Nova Caledônia, nas Filipinas e na Nova Zelândia eles já fazem isso há milhares de anos.

*

O cigarro é muito prejudicial, independentemente da quantidade que se fuma, até mesmo um maço por dia, ou menos. Os fumantes têm 500% de probabilidade a mais de ter um ataque cardíaco em comparação com os não fumantes.

O tabaco é prejudicial para ambos os sexos e causa envelhecimento e morte prematura em homens e mulheres, além de deixar sérias consequências em seus filhos.

Nas mulheres, além dos efeitos cardíacos, acarretam câncer no pulmão, câncer cervical e uterino, câncer de mama, doenças respiratórias crônicas, menopausa antecipada e ossos fraturados por osteoporose acelerada. Pesquisas científicas revelaram que as mulheres fumantes têm a fertilidade reduzida, maior número de natimortos e, no caso das jovens, uma série de problemas de desenvolvimento: físicos, intelectuais e emocionais.

O desejo material e a ambição nunca satisfazem ninguém. Durante séculos os homens têm mantido sua cobiça por dinheiro, sexo e poder, mas continuam infelizes.

Possuir mais do que o necessário só cria problemas para a pessoa. Esse desejo é o início de todo sofrimento.

Vida simples e pensamentos elevados ajudam no caminho da felicidade. Roupas caras não têm o poder de esconder nossa feiura, roupas elegantes não nos tornam belos, o prazer material do sexo passa num instante e muitas vezes nos traz complexos de culpa; as posses e muito dinheiro geram fortes preocupações, e o poder e a fama são ilusões que nos decepcionam.

Em vez de nos concentrarmos em exterioridades, deveríamos nos espiritualizar em nossa riqueza INTERIOR, maravilhoso tesouro de paz de espírito, saúde e alegria de viver.

*

Importante considerar que o aspecto verdadeiro do homem é o ESPIRITUAL, o EU interior perfeito e eterno. Somos essencialmente ESPÍRITO – e temos esse corpo para manifestação neste mundo (senão, como apareceríamos?). E quando o corpo não pode mais nos servir, ocorre a chamada morte e partimos em Espírito para outra dimensão. Mas não é uma morte; é apenas uma transição.

Esse corpo praticamente nos é emprestado por Deus, e temos a obrigação de agradecer por isso e o dever de tratar bem dele. As células desse organismo perfeito estão sempre se renovando, e toda irregularidade que ocorre é sempre corrigida pelo nosso sistema nervoso autônomo de defesa, com os glóbulos brancos, as glândulas e nossa essência de vida.

Esse sistema involuntário de defesa está ligado ao superconsciente – que, por sua vez, tem comunicação direta com o Poder Cósmico de Deus. Donde se conclui que é da máxima importância que estejamos sempre em sintonia com Deus, mantendo limpo e livre o canal entre nosso superconsciente e a Inteligência Infinita. Assim unidos a Deus, pela oração, meditação e vida correta, teremos a ajuda permanente para uma excelente saúde.

Haverá harmonia entre o corpo e o espírito que o habita. E seremos física e mentalmente muito sadios, com uma longa vida para viver com paz e alegria.

*

O que parece ser ruim ou um grande problema para você é a manifestação dos erros e maus pensamentos do passado, que estão se apagando.

São nuvens negras que estão passando pelo sol da sua vida, mas que já estão se afastando, graças a Deus. E o sol brilhará novamente, formando um maravilhoso arco-íris no seu horizonte.

Veja o bem, o melhor para você, que existe atrás desse falso aspecto que parece ruim. As lições já foram dadas… O seu passado de erros não voltará jamais – e nenhuma nuvem negra ofuscará mais o seu sol.

Um swami (mestre do Tibete, no Himalaia) ensina a principal norma de vida:

**"Onde quer que viva,
viva alegremente. Essa é a lei.**

**Seja alegre em todos
os momentos, ainda que esteja
doente de cama, por trás de
grades ou num hospital.**

**Onde quer que viva,
ainda que sinta dor ou tenha de
ir à sala de operações ou a um
lugar detestável, crie ali o céu.**

Lembre-se: a alegria é obra sua.

Requer tão somente o seu
esforço humano.

Você mesmo tem que criá-la.

Onde quer que viva,
em todas as ocasiões,
viva alegremente.

Nunca reclame nem blasfeme.
Então a LUZ de Deus
descerá até você."

*

“Agora que
ficaste curado,
pela tua fé, não
peques mais nem
erres tanto, para
não te acontecer
coisa pior.”

(João 5:14)

Assim está escrito no Novo Evangelho. Agora que está curado dessa doença, graças a Deus, esforce-se para não causar mais novos males, ainda piores. Como os pecados e erros é que geram doenças, não peque e não erre mais, como antes.

Viva sadio e feliz, com a Paz de Cristo (*Christum Pax*, nosso mantra) e pensamentos, ações e sentimentos positivos. O semelhante atrai o semelhante. E só colhemos o que plantamos. Essa é a Lei Cósmica de causa e efeito – que supera o carma.

*

A ESPERANÇA é a luz da vida, irmã da alegria. Basta ter esperança que o seu futuro será luminoso e feliz, qualquer que seja a situação atual.

A esperança é a última que morre. Nunca perca a esperança, em nenhuma situação. Viva alegremente e não se deixe abater. Espere sempre pela melhoria em tudo, com otimismo e pensamentos positivos.

Depois das fortes tempestades de neve, surgem sempre as mais belas flores. E um arco-íris colorido coroa o novo horizonte de sua vida.

Tenha sempre no coração a fé e a ESPERANÇA em Deus, que é o Pai que ama muito você, que nunca abandona o filho na aflição e jamais falha. O Poder Cósmico de Deus Pai não falha nunca, quando solicitado pela fé e esperança de qualquer filho seu.

JAMAIS PERCA A ESPERANÇA.

Um cântico de louvor

Todos os Salmos de Raja Marausha terminam com um poema muito poderoso, estilo sutra oriental, a chave de ouro de seus livros.

Leia este cântico final todos os dias, sozinho e muito atento, com fé, amor, esperança e agradecimento a Deus. De preferência numa hora certa, todos os dias. Ou várias vezes, se quiser.

Uma força vibratória poderosa de Paz, Saúde e Alegria de Viver penetrará em seu EU interior – e você evoluirá como pessoa, espiritual e materialmente.

Tudo passará, com o tempo, a ser maravilhoso para você... com a proteção e a iluminação de Deus e dos Santos Espíritos. Terá uma vida sadia e feliz.

Deus é o Pai.

Eu sou de Deus o filho.

Esqueço todo o meu passado,
ele não existe mais. Acabou...

Terminaram as ilusões,
terminou a escuridão.

Veio agora a LUZ para mim,
renasci no Espírito.

Sou uma nova pessoa libertada
do que já me aconteceu.

Desamarro as correntes do
passado que não volta mais.

Sou agora livre... livre...

*

Penetro no Universo Interior do
EU ESPIRITUAL e psíquico.

Sou ALMA, ESPÍRITO eterno e livre.

Sou UNO, ligado com Deus que
está em mim com o fantástico

Universo Cósmico.

Sou um Ser Espiritual e em PAZ.

Tenho Amor e Luz.

O Amor Divino está em mim.

Meu espírito se funde no
maravilhoso Amor de Cristo.

Sei, acredito que Jesus Cristo
já me perdoou pelo passado e
que todo o Universo Cósmico
me ajuda... me apoia...

Sei, acredito também com fé
Que, na Mente Cósmica de Deus,
EU JÁ ESTOU CURADO.

*

Quero estar no Nirvana,
o Paraíso na Terra, o estado de liberdade absoluta e felicidade eterna em que a pessoa perdoada, evoluída, não se prende a nada.

No Nirvana não há apego a nada material, nem ilusão a nada material no mundo.

Não há medos,
nem preocupações,
nem desejos desnecessários.
Nada...

*

Se estou ou estive doente, sei e acredito na mais completa cura, porque toda doença que temos é uma manifestação física dos erros cometidos no passado...

Toda doença começa em nossa mente errada, pensamentos e ações todos errados.

A gente só colhe, sempre, aquilo
que a gente mesmo planta.

Mas toda doença começou e
acabará por mim mesmo...

EU, meu DEUS Interior, a fé
e as forças de defesa do meu
próprio organismo em PAZ.

*

Com meus arrependimentos
e o perdão que recebi de Deus,
por Jesus Cristo boníssimo,
livrei-me de todos os meus CARMAS.

Estou agora livre dos Carmas
negativos da vida passada.

Jesus Cristo é o
Senhor dos Carmas!

E já me livrou...

E já me perdoou...

E já me curou de tudo.

*

Jesus Cristo é o Grande Mestre
da iluminação, proteção e do
AMOR e não castiga ninguém.

Perdoa quem se arrepende e
decide, fiel, se esforçar para
não errar nem pecar mais.

A minha mente errada,
e iludida pelos prazeres do
mundo, que provoca a doença e
todos os males e infelicidades,
também pode me curar!

Esquecendo o passado triste, eu
caminho agora na trilha certa
com pensamentos positivos
e agindo corretamente.

Então, estarei CURADO e forte,
sadio e alegre, dinâmico e feliz.

A PAZ DE CRISTO estará em mim e
nem de remédios precisarei mais.

Serei sempre jovem!

Posso morrer velho, mas
morrerei jovem de espírito,
cheio de alegria de viver...

*

Eu não estou mais sozinho,
nem aqui, nem no alto de um monte,
nem no deserto, ou no meio do mar.

Nem numa furiosa tempestade.

Porque o meu maior amigo,
o Senhor Mestre Jesus Cristo,
protetor boníssimo, está comigo.

E sua Mãe Santíssima,
minha querida Mãe Espiritual,
me protege, ajuda e orienta
nesta passagem terrena.

Não tenho fanatismo
nem sou beato.

Sou amigo dos mestres
celestiais e dos monges santos
do Tibete no Himalaia.

A ioga tibetana usada
por esta Filosofia da Esperança
é uma Religião Interior, cuja
meta principal é um santuário
em cada coração humano.

Meu EU verdadeiro é feliz.

Perfeito e poderoso.

Espírito eterno
e Filho de Deus.

Meu EU verdadeiro não se
ilude pelas falsidades da
sociedade tão cheia de erros.

Meu espírito, o superconsciente
(não meu corpo), é eterno e perfeito.

Tenho PAZ. Christum Pax...

*

Não existe melhor remédio
para qualquer tipo de doença do
que a vida mais espiritualizada
sem apego às coisas materiais,
enganosas, más e impuras.

Toda e qualquer pessoa
que evolua no espírito pode
CURAR suas DOENÇAS.

E não adoece mais.
Somente atrai coisas boas
e fatos maravilhosos.

Nosso ESPÍRITO – nossa mente – é
divino, não adoece nem morre...

O ESPÍRITO continua a viver num
outro mundo muito melhor quando
nosso corpo humano falece de uma
vida mais pura, boa e positiva.

Agora eu sei que tenho que
buscar primeiro o REINO
de DEUS e sua justiça.

Primeiro a vida espiritual,
porque, depois, todas as coisas
materiais, ricas e corporais
nos serão acrescentadas.

Depois de mais espiritualização
automaticamente só nos
acontecerão coisas ótimas.

*

A medicina é importante,
mas a cura pelo pensamento
é mais importante ainda!

Nós somos o que pensamos.

E a evolução espiritual,
a sintonia com o Poder Cósmico
de Deus, com o desapego
das coisas materiais, com a FÉ
positiva na ajuda de Cristo e da
magnífica Mãe Santíssima
(não uma religião organizada,
mas interior, um santuário
no próprio coração).

Essa evolução ou crescimento
espiritual e sentimental produz o
grandioso milagre da regeneração
de nosso corpo e nos cura de
toda e qualquer doença.

Acredito! Sei e tenho fé!

Tenho dentro de mim mesmo
todo o poder divino para a
cura de todas as doenças.

O passado já passou,
renasci no espírito.

O que importa não são os
dias que já vivi até agora.

Importantes são os dias
que ainda viverei...

A mente exerce um
controle completo sobre
o corpo material e pode
curar qualquer doença.

Da mesma forma que essa mente
(ou pensamento ou sentimento)
pôde provocar um tipo de doença,
ela, a MENTE, tem também o
poder de desfazer essa doença...

Basta que a pessoa saiba
disso e acredite, com fé.

EU sei e acredito que posso ficar
completamente CURADO...

Deus, por Jesus Cristo
boníssimo, faz manifestar
minha perfeição interna, meu
sistema de defesa orgânico.

Porque minha mente
controla o corpo.

*

Me perdoo e perdoo
o meu próximo.

Peço perdão aos meus
amigos, parentes e todos
a quem eu possa ter prejudicado
no passado ou guardado
raiva ou inimizade.

Não confundo mais AMOR
com desejo sexual.

O amor verdadeiro
não é aquela ânsia sensual
pelo sexo oposto.

O desejo e o ato sexual
são físicos e estritamente
materiais, e o verdadeiro
AMOR pertence ao espírito.

AMAR não é egoísmo,
é compartilhar.

Quem ama de verdade
só vê o lado bom e as
virtudes do outro.

Sou agora uma nova pessoa
livre e independente. Certa.

Tenho dentro de mim
toda a força, todo o poder
para fazer de minha vida
um grande SUCESSO.

E para ter saúde
e prosperidade.

Agora eu espero
somente o melhor.

Minha imaginação
é superpositiva e não tenho
mais medos, nem inseguranças,
nem preocupações

Penso positivo...

Sinto positivo...

E minha ação é positiva.

*

A ORAÇÃO é o
remédio do espírito.

E no mundo celestial ao qual
pertenço não há doença, nem
mal, nem problema algum.

Tudo é PAZ, com Deus. E a PAZ
de Cristo está no meu coração.

Por direito e por herança.

Tenho agora consciência de
ser espírito, e não matéria.

Por isso consigo tudo
o que quero, supero todos
os obstáculos.

Penso somente o melhor e desejo
só o melhor, para todos...

Deus é AMOR, e seu AMOR
enche toda a minha alma.

Deus é também PAZ, que inunda
minha mente e meu corpo.

Deus é SAÚDE perfeita, e a saúde de Deus é minha saúde.

Deus é, enfim, ALEGRIA – a qual é também a minha alegria.

*

E tudo isso faz com que me renove e recupere e me sinta maravilhosamente bem.

Sei que os pensamentos de desânimo, negativos e pessimistas, cortam nossa sintonia ou comunicação com Deus.

Agora pensarei somente positivo, com a Paz de Cristo em qualquer circunstância.

Projeto, agora, meu próprio futuro cheio de saúde, vitórias e alegrias.

Sei que a minha cura não está nos remédios químicos, nem só nos tratamentos científicos.

Está numa mudança de
minha atitude mental.

EU SOU FELIZ,
TUDO JÁ DEU CERTO!

Uma pessoa só é sadia quando
está bem consigo mesma, com
os outros e com a vida!

Tudo está em nossa mente
– nosso inferno ou nosso paraíso...

EU ESTOU NO PARAÍSO

Encontrei a chave
do tesouro da vida.

DEUS É O PAI.

EU SOU DE DEUS O FILHO.

Fiz-me ser humano nesta vida
terrena, mas sou um ser Eterno,
Espiritual e Poderoso.

Este meu corpo me foi emprestado
e tenho que tratar muito bem dele.

Mas não sou EU.

EU sou ALMA.

EU sou ESPÍRITO, PERFEITO e MARAVILHOSO.

Eu sou a imagem de DEUS.

Gosto de mim, gosto muito.

E assim é. E assim será.

Gratidão

**Quem dá recebe cada vez mais.
E aquele que é agradecido a
um bem recebido terá uma
avalanche de bens a vida toda.**

Demonstre sua GRATIDÃO pelos inúmeros benefícios da leitura destes Salmos, oferecendo aos amigos, parentes e colegas tantos exemplares quantos você puder. Assim, levará aos outros o bem que você também recebeu.

CITADEL
Grupo Editorial
Livros para mudar o mundo. O seu mundo.

Para conhecer os nossos próximos lançamentos e títulos disponíveis, acesse:

www.**citadel**.com.br

/citadeleditora

@citadeleditora

@citadeleditora

Citadel – Grupo Editorial

Para mais informações ou dúvidas sobre a obra, entre em contato conosco por e-mail:

contato@**citadel**.com.br